Walther Moreira Santos

1º Prêmio
José Mindlin
de Literatura

O Ciclista

Walther Moreira Santos

O Ciclista

(Da Leveza e Do Peso)

autêntica

Copyright © 2008 by Walther Moreira Santos

PROJETO GRÁFICO DA CAPA
Diogo Droschi

EDITORAÇÃO ELETRÔNICA
Diogo Droschi
Tales Leon de Marco

REVISÃO
Ana Elisa Ribeiro

FOTOGRAFIA
Bartolomeu Barros Jr.

EDITORA RESPONSÁVEL
Rejane Dias

Todos os direitos reservados pela Autêntica Editora. Nenhuma parte desta publicação poderá ser reproduzida, seja por meios mecânicos, eletrônicos, seja via cópia xerográfica sem a autorização prévia da editora.

AUTÊNTICA EDITORA LTDA.
Rua Aimorés, 981, 8º andar . Funcionários
30140-071 . Belo Horizonte . MG
Tel: (55 31) 3222 68 19
Televendas: 0800 283 13 22
www.autenticaeditora.com.br

Dados Internacionais de Catalogação na Publicação (CIP)
(Câmara Brasileira do Livro, SP, Brasil)

Santos, Walther Moreira
   O Ciclista / Walther Moreira Santos. –
Belo Horizonte : Autêntica Editora, 2008.

   ISBN 978-85-7526-347-1

   1. Ficção brasileira I. Título.

08-07509   CDD- 869.93

Índices para catálogo sistemático:
1. Ficção : Literatura brasileira 869.93

Para Bau – irmão de travessia.

É preciso dosar compaixão e virilidade.
Hilda Hilst, *O unicórnio*

Sumário

11
Prólogo-Interlúdio,

15
PRIMEIRA PARTE
As profundezas do Céu,

21
Fotografias,

103
SEGUNDA PARTE
As alturas da Terra,

119
O Silêncio,

Prólogo-Interlúdio

: *então chego a Bariloche* (4 horas de vôo) e sou recebido pelo vento (oito graus) e pelo branco/azul da paisagem. Desprezo o vôo direto para Ushuaia, meu destino (o que se vê da janela de um avião além de nuvens?), porque não há outra forma de cumprir a missão a não ser estando o mais perto possível da terra. É baixa estação, e a Argentina atravessa a pior crise econômica de sua história (saques, coquetéis molotov, toque de recolher, bombas de gás lacrimogêneo, mais de trinta civis mortos). O taxista do aeroporto me toma por jornalista (talvez pelo equipamento fotográfico na tradicional sacola e por portar uma pequena mochila, apenas). Sou biólogo, lhe explico (enquanto aperto a mochila como se para me certificar da presença da caixa). O motorista parece não acreditar ou, mais provável, talvez não tenha me escutado, e vai relatando como anda a triste situação argentina. A negativa de *los hermanos norte-americanos* quanto a qualquer tipo de ajuda, as incertezas do futuro. Dez anos de governo Menem empurrando a sujeira para debaixo do tapete e de repente kaput! O triste tango do adeus.

É sobre uma máquina estranha e descomunal que ninguém vê, mas capaz de esmigalhar um país apenas com um leve desvio *na engrenagem, é a isso que o taxista se refere. Uma coisa para a qual um motorista ou seu passageiro não são absolutamente nada. Um país ou uma pessoa indefesa, tanto faz, não pode deixar de esperar o golpe fatal; é sobre esse golpe por vir. A angústia da espera pelo pior. É sobre a angústia daquilo que não se pode controlar. Eu escuto, balanço a cabeça, completamente alheio, as mãos dormentes (a força que parece sair da presença da caixa na mochila não me permite mais do que olhar as ruas semidesertas e permitir ser levado para o meu destino –* Terra do Fogo, *a parte mais inóspita do país, do continente; para alguns, do planeta, onde espero encontrar o que um dia foi descrito por Júlio Verne como* O Farol do Fim do Mundo*).*

Devo parecer cansado, um pouco inquieto e vagamente assustado. Quem sabe por isso a cidade se apresente melancólica e suja, e as pessoas, todas (mesmo uma bela mulher solitária que passa com seu cabelo negro comprido e sua jaqueta vermelha), derrotadas e irreais. Mas estou sereno, por dentro. Fazer o que deve ser feito – não importa o quê, ver o que há para ser visto, nos dá uma calma de fundo de oceano. Não importa a onda na superfície. O maremoto. Uma lástima, diz o motorista, depois desfia o longo colar de nomes de todos os seus santos prediletos e suspira para a luz amarelo-modorrenta dos postes, para a neblina.

Uma lástima.

* * *

No hotel não encontram meu nome na lista de reservas. Edgar Delano, eu digo, cito também minha procedência, a agência de viagens. Um homem de meia-idade balança a cabeça. É como se o desequilíbrio econômico do país estivesse contaminando tudo – eu me sinto Alice num país sem maravilhas. Mas não importa. O lugar está entregue às moscas, ninguém é louco o suficiente para visitar a Argentina nesses dias negros. O homem ri, bueno: eu não preciso me preocupar com lista de reservas.

No quarto, a bolsa não é desarrumada. Espero a náusea dar lugar à fome, espero a ansiedade diminuir. Não penso em descer até o restaurante do hotel. Deito-me. Abro o zíper e enfio a mão na mochila até encontrar a caixa.

* * *

Seis horas na estrada e nada em sentido contrário a não ser o vento (110 quilômetros por hora) e a vigilância eterna da Cordilheira dos Andes, a 500 quilômetros (se impondo com seus picos de até sete mil metros, filtrando toda a umidade e deixando escapar para as estepes um vento frio e seco). Finalmente entendo o porquê de o dono da locadora de veículos ter insistido num 4x4 e nos dois pneus sobressalentes.

São Carlos de Bariloche, José de San Martin, Comodoro Rivadávia, San Julian, El Calefate, Puerto Santa Cruz, Río Gallegos, Río Grande *(já na Terra do Fogo); sempre em direção ao sul, onde a Patagônia é mais agreste, quase hostil.* Até El fin del mundo.

Estepes poeirentas, com suas paisagens monótonas em tons de palha e centenas de esqueletos de árvores destroçadas pelo vento ("uma terra estéril e maldita", escreveu Charles Darwin), desaparecem para dar lugar aos imensos paredões de gelo (glaciares) de 160 metros de altura, ladeados pelo intenso verde austral; de aves e mais aves ou florestas inteiras tingidas pelo vermelho-ferrugem do outono, ou ainda imensos tapetes de flores amarelas ("verdadeiro

Éden", escreveu o diarista de Fernão de Magalhães – 1550), demarcando lugares desolados a ponto de inspirarem nomes como Baía Inútil, Enseada da Fome, Ilha do Risco, Província da Última Esperança.

Mesmo quando paro para pernoitar e percebo o equipamento fotográfico *(que pela força do hábito carrego de um lado a outro)*, mesmo quando o tempo se estende à minha frente em horas de dura monotonia, nada fotografo. Um biólogo que nada pesquisa, um fotógrafo que nada fotografa! É incompreensível, não fosse a presença da pequena caixa de madeira no fundo da mochila. Os olhos captam os cumes das montanhas *(transformados em maciços de ouro pela luz do poente)*, as dezenas de lagos *(perdidos entre o silêncio Zen dos vales)* e rios leitosos *(grossos de minerais)* frutos do degelo, os olhos vão fixando tudo, de todos os ângulos possíveis, com extrema gula. Não há outro modo de olhar este lugar. Não há outro modo de reter a experiência, porque sei que não estou sozinho; que guardo as imagens para alguém.

Estou aqui, Caio. Enfim, cheguei.

PRIMEIRA PARTE
As profundezas do Céu

O Ciclista chegou com as primeiras luzes de agosto (quando, por aqui, o inverno começa a ceder e o mundo, recém-lavado pelos meses de chuva, parece adocicado).

* * *

Se fosse um filme começaria com cenas do laboratório. Imagens de um vermelho escuro. O revelador. Varal, pegadores, o piso quadriculado. As fotos saindo pingado do tanque de nitrato de prata e sendo postas para secar. Essas fotos revelariam a estátua do anjo Gabriel e sua trombeta, uma estação de trem abandonada, um parque vazio, alguém passeando numa bicicleta. Mas um ciclista profissional: capacete, malha colada, logotipos dos patrocinadores. Estaria tudo muito escuro, como é de se esperar. Em poucos segundos eu abriria a porta, deixaria o cubículo, aí sim: a tela explodiria com a luz da tarde, os diversos tons de verde das paredes, as quarenta e quatro fotografias, em preto-e-branco, de Caio. O couro branco-sintético do sofá. As molduras também brancas dos quadros sobre o fundo verde das paredes (coisa de Ceres). Eu pararia indeciso, por um instante, depois seguiria direto para o computador. E na tela do computador estaria escrito: PLANCTON – são organismos flutuantes, tênues, levados pela força das correntes marinhas; isso não significa, necessariamente, que os organismos planctônicos sejam incapazes de executar movimentos próprios; muitos são, mas outros podem deslocar-se, embora não sejam capazes de superar a força das correntes. Seu tamanho pode variar desde o microscópico, unicelular, até o tamanho macroscópico de um celenterado, como uma caravela.

Toca a campainha, paro para atender a porta. (Ceres? meu coração sai do tom.)

Um rapaz está no alpendre, indeciso a respeito de onde encostar a bicicleta. Encosta-a numa planta, de modo a dificultar a visão de quem passe pela rua. Depois me encara. Com um ar de quem sugere que eu tenho o hábito de abordar estranhos na rua. (O que não é verdade.) Está equipado: garrafa térmica, luvas especiais, capacete, malha adequada. Um ciclista profissional. Olho o seu rosto como quem olha para uma coisa (*outdoor* recém-trocado, algo assim). É, ao mesmo tempo, um rosto conhecido e desconhecido. Sorri com o canto da boca. Um sorriso que deforma um pouco os lábios, puxando-os para baixo. Um sorriso apropriado à ocasião. Um sorriso de quem está melhor inteirado da situação, do evento que tomou forma e se destacou do silêncio da tarde. O evento recortado pela desimportância de um dia banal. Sei que posso fazer muitas coisas, que tenho opções. Sentir-me constrangido, por ter sido interrompido; elevar esse constrangimento à irritação e expulsar o visitante com um "O que você quer?" irritado, ou apenas um "Desculpe, foi engano", de um telefonema inoportuno. Mas o que faço é permanecer no limiar (demorando mais que o normal para reagir), na fronteira de toda gama de sentimentos. Enquanto o Ciclista aguarda um esboço de reação.

Pergunto o que ele deseja.

Ele me pergunta por Caio.

Caio não está. Há tempos. Não é inacreditável que o Ciclista não saiba disso. (Porque raramente, poucas vezes durante todo um ano, Caio costumava me visitar.) Inacreditável é encontrar alguém à procura de Caio – um homem que parece ter nascido para viver sozinho e a esmo. Por um momento, não faço nada. Talvez devido ao espanto. Talvez devido à expectativa do Ciclista, algo que faz lembrar uma criança que perdeu o trem e está só na estação.

Diante do Ciclista há apenas duas opções: encerrar nossa conversa e voltar a trabalhar no livro de biologia ou deixar esse que já vi na rua (agora me lembro) entrar; esse que parece conhecer Caio tão bem. Talvez melhor do que eu mesmo. Pela familiaridade, quem sabe, escolho a segunda opção. Ou pela curiosidade (esta fronteira a dividir os animais mais inteligentes dos menos espertos). Talvez seja isso o que me faz convidá-lo a entrar. Ele olha para os lados, entra. Com licença, ele diz. Nada em seu corpo pede desculpas por invadir a casa alheia.

Ele é daquele tipo de gente que, se de óculos escuros, depois de retirá-los nada se esclarece. Um rosto bonito, a pele queimada de sol (claro, a bicicleta, o ar livre). Não tem mais de vinte anos.

Fecho a porta. Ele dá uma espiada rápida, ladina, pelo ambiente, como se para se certificar da presença ou da ausência de quem procura. Não deixo de notar seu interesse nos armários altos amaldiçoados por Ceres (e seus 8.819 volumes guardados). Por um momento ficamos calados. O Ciclista trouxe para dentro de casa um silêncio todo novo. Ele avalia o terreno.

Como um ladrão.

Fotografias

Caio

A aparição do Ciclista não é nada. Caio me fez me acostumar com o que aparece de repente. Ele próprio vinha do nada: uma camisa esporte azul, verde-lodo, salmão (roubadas de algum desfile ou ensaio fotográfico), calças folgadas (quase sempre de um branco encardido, ou *black jeans*) e a velha mochila de couro (caríssima) nos ombros, falando pelos cotovelos.

Para não cansar o ouvinte, sempre acentuava um aspecto pouco recomendável (nunca oficial) dos lugares por onde passava. – Veneza é uma cidade imunda. Fora dela pouca gente sabe disso. Eu te disse que Madonna foi ao desfile? Ela não é como aparece na televisão. Ela é baixinha assim ó.

Você está de bolsa nova – eu digo.

Gostou? Trago uma para você – ele diz. Leia-se "afano uma para você".

Não precisa... deve custar uma fortuna isso aí.

Nem tanto.

Um simples botão desta marca custa os olhos da cara.

Ele ri.

Pago a prestação. Parcelo em prestações de perder de vista!

Obrigado, Caio, não precisa. Eu teria que mudar minhas roupas... não tenho roupas que combinem com essa bolsa.

Você poderia usá-la para botar as montanhas de livros que traz da cidade.

... E teria que mudar de carro, também. Meu carrinho velho não combina com essa bolsa. Depois, teria que mudar de casa... eu teria que procurar uma daquelas casas à beira-mar dos comerciais de uísque, dos comerciais dessa marca. Trocar de mulher...

Ah! isso não. Ela é brega, mas não é tão vagabunda assim. Você é muito complicado mesmo, Edgar!

É uma bolsa que pede as ruas mais chiques de Milão, as salas vips dos aeroportos internacionais. Não combina com esta cidade, Caio. Não combina com minha vida. Minha vida combina com bolsa de lona, reciclada de pára-quedas.

O chamado mundo civilizado está se transformando num shopping center, aonde se vai é vitrine e mais vitrine. Londres, Madri, Tókio, estão ficando todas iguais. Se você soubesse... às vezes tudo o que uma pessoa necessita é de um lugar no fim do mundo. Como esta cidade tranqüila.

Esta não é uma cidade tranqüila, esta é uma cidade morta. Há uma diferença substancial nessas duas coisas.

Tem razão... Edgar Delano, preciso como a matemática.

A Terra do Fogo, na Patagônia, parece um lugar tranqüilo...

Isto! Como em Ushuaia. Então eu já te contei sobre a Patagônia!?

Ushuaia, Ushuaia, eu penso. Enquanto antevejo os picos nevados da Cordilheira dos Andes, Lhamas. Sim, algumas cidades sofrem do desvelo de impedirem qualquer tipo de felicidade, como que amaldiçoadas. Sim, às vezes é preciso partir. Haveria Lhamas em Ushuaia?

Milão é uma cidade mentirosa, ele diz. Esta cidade aqui também, parecendo tão pequena e pacata mas... Milão às vezes parece tão calma; se a pessoa apenas passeia por uma *piazza* ou vai de lá para cá tirando fotografias igual um maluco, como aqueles turistas japoneses, não fica nunca sabendo o que realmente está acontecendo. Uma cidade enganadora, Edgar, mentirosa. No budismo, uma das coisas mais importantes é a verdade – conclui.

De uns tempos para cá Caio me aparece com a história. Vai parar quando fizer trinta e cinco anos. Parar com tudo. Rapar os cabelos (que nas últimas fotos aparecem espetados e endurecidos por alguma substância pastosa e brilhante); doar toda a roupa de grife (compradas, afanadas, trocadas, tomadas de empréstimo e nunca devolvidas) e adotar o hábito ocre ou um quimono de linho cru. Um dia Caio começou a introduzir Buddha em seu mundo. Como uma febre, a idéia de parar de trabalhar para habitar um mosteiro budista chegou de repente, não se sabe de onde, e não parou de crescer. De vez em quando eu acreditava em seus delírios. Como uma forma de gentileza.

A paz consiste em a pessoa parar completamente. Você está entendendo?

Às vezes eu piscava os olhos, estreitava a vista.

Parar não apenas externamente, as atividades, o corre-corre do dia-a-dia, parar de dentro para fora. Cessar os desejos.

Outras vezes eu apenas balançava a cabeça, numa assertiva. Mas nunca compreendia completamente, principalmente no começo. Os sacrifícios de sua profissão como as ofertas irregulares de trabalho, os assuntos comezinhos do mundo, ficavam na soleira da casa de número 59. Onde moro. Nada daquela nova conversa combinava com seus nervos à flor da pele. Refestelava-se no sofá e contava várias histórias ao mesmo tempo. Dezessete histórias inacabadas e entremeadas – arabescos do Oriente.

A paz. Pois sim!

É que a casa de número 59, como toda a pequena cidade, era tão tranqüila, pelo menos na aparência. E os nossos vínculos, Caio? Eu nunca perguntava, mas pensava enquanto passava o café, me recriminando por intoxicá-lo ainda mais com cafeína. Como se não bastasse o que andava tomando lá fora.

Às vezes tremia. Atropelava-se com as palavras – sempre a mesma história, a paz, a paz, a paz, Buddha, enquanto seu corpo pulsava num ritmo elétrico. Meses sem um telefonema; e de repente, no meio da noite: ei-lo. Aparecendo do nada, falando de uma tal e estranha Milão; que lá pela madrugada, pouco antes da temporada de desfiles, possui um silêncio de cemitério.

Por que você foge desse silêncio todo? Não é isso o que quer?

Não seja tolo, é um silêncio tenso. Quero o silêncio limpo de quando se está a sós e não o silêncio de quem bota o som no volume máximo e desliga o aparelho, de repente. Milão é uma cidade...

Mentirosa. Você já disse.

Pois é.

Vai tirando os sapatos e espalhando pela casa. Abre uma lata de pêssego esquecida no fundo do armário. *Olhe a data de validade.* Não olha. Alguém que se arrisca a injetar porcarias na veia não vai se importar com o prazo de validade de um enlatado. O medo, esse mal de que todo homem sofre, em menor ou maior grau, em Caio é azul, tênue, acinzentado como a bruma.

Conversa, risos.

Andou tomando drogas.

Andou machucando alguém.

Edgar, tive de novo aquele sonho com o lobo, te contei?

Não.

Pois é, rapaz, sempre o mesmo lobo me mostrando os dentes. O que será que o filho-da-puta está querendo me dizer?

Perdeu um bom trabalho. Existe porém a esperança ditando que a qualquer hora ligam da agência e um dia, finalmente, ganha uma bolada com uma campanha para a Gucci. (Mas não se pode condenar um homem por uns poucos atos. Seria o mesmo que julgar alguém pelo formato da unha do polegar esquerdo. Um homem é mais que meia dúzia de seus atos: isso *tinha* de ser verdade.) Eu pensava. Porque era obrigado a adivinhar, quase tudo. Eu não ia muito além do pensamento; quase nada perguntando devido ao medo das respostas. Enquanto ele se despia e eu começava a preparar o sofá da sala, me perguntava onde ele havia adquirido o hematoma pouco acima da virilha, que eu acabava vendo com o canto do olho.

* * *

Caio está em cima da cama, a cabeça distante, os olhos baços, a boca inquieta, as idéias jorrando como vômito. *Buddha*, sempre a mesma história. Venha cá e entenda, dizia ele, me tirando o equilíbrio. A beleza do *Dharma* está em que tudo é sagrado, diz. Rio do seu dom de me encontrar em qualquer lugar do mundo, de me tirar de onde quer que eu me encontre em pensamento.

Uma experiência única, Edgar, uns seis meses afastado de tudo já seria alguma coisa. Seis meses isolado do mundo: sem internet, revistas, jornais, televisão.

Buddha e a iluminação, o nirvana, a paz absoluta, o silêncio absoluto, a vida simples em um mosteiro, o levantar com a luz do Sol, o se deitar com a luz do Sol, o acordar com os galos, meditação às cinco da manhã, banhos matinais no rio (luz elétrica jamais). *Onde isso, Caio?*

Ora, Edgar, em tantos lugares! Há mosteiros em tantos lugares: Osaka, São Francisco, Rio de Janeiro, outro dia descobri, por acaso, como se existisse acaso!, que estão levantando um mosteiro em Dijon... bem perto da estrada principal que dá acesso à cidade, se você soubesse, mas você não me entende.

Parar quando fizer trinta e cinco anos. Mas antes do mosteiro, uma viagem à Patagônia, à Terra do Fogo,

El fin del mundo, quer ver o lugar descrito por Júlio Verne em um dos seus livros: *O Farol do Fim do Mundo* – a satisfação do último desejo antes da clausura. "Ushuaia, Edgar, a última cidade do mundo, bem na beirada, quase caindo na Antártica. Um lugar único, você precisava ver as fotos que eu vi. Do jeito que gosta de foto, ia ficar louco".

Vou procurar na internet.
Você tem que ir lá. Ver ao vivo. Eu vou.

Havia veemência quando falava em ir à Patagônia, a mesma quando falava sobre Buddha (a boca tremia um pouco, os olhos faiscavam e ficavam distantes). Eu nunca soube se o ar decidido de Caio não passava de uma ingenuidade teimosa ou se era algo próximo à sabedoria. O fato é que não havia culpa em Caio. Como não há a noção de culpa no budismo. Cada um é responsável pelos seus atos: os atos bons geram *dharma* – a soma das boas ações, os atos ruins geram *karma* – a soma das más ações. Não há um Deus que castiga. É tão apropriado! Porque um deus-culpa seria a última coisa de que Caio necessitaria. Imaginava-o numa área nobre em Milão, às duas da madrugada, as mãos nos bolsos do casaco de couro (caríssimo, provavelmente furtado do último desfile ou presente de alguém, de um dos "homens-passaportes", "homens salvo-conduto", como dizia), em frente a um dos clubes elegantes, na esperança de encontrar algum conhecido. E nenhum centavo no bolso. O Zen-budismo certamente não combinaria com o barulho, a fermentação tipo caldeirão-do-diabo de dentro. Com as modelos lindas e as nem tanto que passam, se oferecendo como aves emplumadas. Mas ele *quer* entrar. Também não adianta. Por mais que não quisesse, não tem escapatória. No tipo de trabalho de Caio é preciso sempre "estar em contato", como ele dizia. E dentro do clube estariam todos os vips de que tanto necessita. Os homens-passaportes. Modelos não conseguem viver sem os homens-passaportes, os que podem abrir o caminho para a fama, o sucesso e o dinheiro. Vivem em simbiose eterna como Drácula e suas tantas noivas esquálidas. "Nesse tipo de negócio, nascer bonito é só meio caminho andado", dizia Caio. No mundo de Caio, quando não se tinha a chave certa, costumava-se forçar a fechadura. A porta está fechada? Arrombe-a.

Não, Buddha não combina com isso.

Devia entender, Edgar, você escreve livros. Buddha é o máximo, e Buddha com o d dobrado e um h, porque é preciso respeitar a grafia vinda do sânscrito, o poder da palavra.

Livros didáticos, Caio, biologia, não há muita filosofia na biologia. Apenas uma longa cadeia alimentar: o mais forte devorando o mais fraco. Caio em algum ponto da cadeia alimentar do mundo da moda (quando tudo o que queria era poder se entregar a sonhos de simplicidade).

Você não sente falta de uma coisa, uma coisa que te preencha? Me diga, Edgar. Você não sente um vazio e uma sensação de irrealidade, como se nada, nada mesmo, fosse de verdade?

O Absoluto e sua sonata simples, bela e eterna, é o que Caio deseja. Coço a orelha. Em algum momento todo ser pensante passará por isso, digo. Todo mundo, de certo modo, sente, em maior ou menor grau, é por isso que as pessoas fazem arte, bebem ou vêem novela, para preencher esse vazio.

É, mas há mais. Falta um tempo para olhar a natureza, através da meditação, olhar tudo através de um silêncio, não falta um tempo para *ser*? Sem julgamento. Há uma coisa que me chama, que me diz que a perfeição está na simplicidade. Mas você sabe que tudo não é assim tão fácil porque antes é preciso ganhar dinheiro. Aliás, ganhar a vida. Fica melhor, tem... tem um sentido mais amplo.

Ganhar a vida, eu penso, é... há um sentido mais amplo nessa expressão. E penso em meu jeito: ano a ano a atualizar o mesmo livro de biologia (*Delano Biologia*) deixado por nosso pai e sobreviver com os direitos da tiragem média anual de 35 mil exemplares.

(Apesar dos traços perfeitos, havia em torno dele uma pergunta, uma falta. Era o que o convencia daquela história de mosteiro budista: como se a cabeça rapada, o silêncio, um quimono de linho cru, fossem, enfim, lhe acrescentar o que faltava – pôr o último traço no círculo incompleto que ele era. Estranho como Caio sempre me parecia incompleto. Meu Deus, será isso?

Algumas pessoas não passavam de esboço.)

O que eu acho? Eu acho que você está tomando drogas demais.

Todo mundo está, ele diz.

Há tanto tempo bato nesta tecla. Sinto os dedos esfolados, em carne viva. Mas não descanso. Sim, ele estava tentando, procurando os gestos de equilíbrio. Mas suas tentativas não passavam de um bêbado procurando andar sem oscilar enquanto se guiava pela linha sinuosa do calçamento.

Aos vinte e poucos anos pode-se quase tudo. Caio, aos 26, estava na fronteira. Mais um pouco e.

Café, cigarro, drogas... isso é o mínimo. Droga mesmo é a televisão, imagine o tamanho do mal causado por todo lixo televisivo. Barulho. O mal está no barulho.

Ele ri.

(Por que a tentação tem que ser tão macia? Uma luz morna na manhã, uma calma apesar de tudo – e o chão uma fina camada de gelo que se dissolve.) Contraio os lábios em sinal de constrangimento. Mas é só por um momento. Ao cabo de um tempo tem-se certeza: ele e eu: mesmo se tivéssemos mais dinheiro, ou fôssemos mais jovens, ou vivêssemos em um outro país, não teríamos sido mais felizes. Aqueles momentos de Buddha, Nirvana, Patagônia, eu saberia mais tarde, estavam fadados a ser uma ilha de paz no mar de desespero que eu acabaria por descobrir.)

Já Roma não, Roma é mais honesta, ele diz. Roma é o que se vê nas fotografias. Aqueles pombos todos. Roma não mente. Só não dá para sentir o cheiro da bosta dos pombos, é claro. Mas isso é mínimo.

Eu me lembro de alguém que escreveu: "Roma nunca prestou, os romanos *nunca* prestaram, os romanos eram uns safados". Mas como não conheço o lugar, fico calado. Ouço-o cantar sua dura canção de variações tonais bruscas. Vejo-o mergulhar várias vezes em busca da pérola da razão – e quase sempre volta à tona sem nada. Talvez eu também desejando um monte de suas histórias quem sabe inventadas. Não há muito que fazer nesta cidade. Uma flecha atirada contra a bruma – eis o contraste de nossas vidas. O sólido desaparecendo no imenso gasoso-sem-fim-nebuloso. A folha amarelada caindo no cinza do asfalto (espantoso como isso soa Zen! estou me intoxicando). De qualquer modo, na maior parte do tempo, Caio não me deixava falar. Às vezes pensava que Caio vinha de tão longe justamente para isto: falar. Prendia o ar nos pulmões enquanto tentava acompanhá-lo. E ia deixando Buddha Milão Mosteiros Iluminação Satori Drogas, tudo, tudo o que vinha de Caio se espalhar pelo quarto como um incenso, enquanto guardava o que sobrara da roupa que voltou da lavanderia. Afinal, além da respeitável distância de onde vinha, Caio também odiava os aviões. Não pelo medo da morte, de altura, dizia. O problema era ar viciado, o mesmo oxigênio sujo-modorrento circulando pesado, dizia. Pior ainda para os da terceira classe, os do final do corredor, os que respiram por último. E Caio já viajara muito de terceira classe. Horas e horas numa poltrona, sem lugar para espichar as longas pernas. Seus 1,88m reduzidos ao quase nada dos lugares da classe econômica. Um aparelho de tortura da Idade Média, eu dizia. Isso, isso mesmo! Porra, agora você acertou! Concordava.

Que bom, Caio girava meio mundo por mim. Talvez não por mim. Mas pelo silêncio desta cidade que se permitia ouvi-lo enquanto eu fingia estar entretido em alguma banalidade doméstica. "Honestamente, Edgar, não sei como você consegue ficar tanto tempo enfurnado nesta casa", dizia, uma frase solta em meio a tantas histórias.

O que fazer com aquilo que nos contam? Nada. Apenas ver o tempo dedicado a isso recortar o acontecido, pôr uma moldura, guardar numa caixa e depositar nalgum lugar da memória. Mesmo nos aviões-masmorras, Caio se desligava com facilidade. Ou meditava. Ele explica, porém, que uma coisa não tem nada a ver com a outra. Aliás, são coisas opostas. Meditação é um estado de *extrema* atenção, dizia.

Ah. Não é o que parece.

É uma coisa difícil, Edgar, mas que vale a pena.

Hummmm.

E tão grande era a ênfase que, por um momento, eu chegava a acreditar que Caio, apesar do que eu via desabar, já estivesse trilhando o caminho de Buddha. Talvez fosse isso o que a fotografia fazia: fixar um lento relaxamento (desinteresse pelas coisas do mundo?), uma certa segurança que permeava seu rosto e que fazia com que, bem ou mal, sempre conseguisse trabalho. Dias de *Four Seasons*, o hotel mais caro de Milão, misturado a noites em pousadas esbodegadas ou quem sabe até mesmo noites num banco de estação, na cama de alguém desconhecido que encontrou num bar.

Tudo é transitório, Edgar. Tudo Sansara, meu filho. Uma enorme roda girando eternamente. Tudo passa.

Fotógrafos de várias partes do mundo tinham atestado não a beleza do corpo de Caio (que sempre me pareceu meio desproporcional), mas seu mistério. Por mais que se esforçassem, porém, não conseguiam flagrar o Caio que se desestruturava aos poucos. A idéia me atravessa como escuro rio subterrâneo. Eu via em Caio um homem-iceberg, o principal submerso. A ponta-estilete emergida dizendo muito pouco de todo o resto. O começo de um desespero antigo que toma forma.

Alguns sentimentos nunca deveriam ser pastoreados.

Mesmo assim acho estranho, Caio, a maioria deseja ir a uma igreja, casar, ter uma conta bancária; no máximo abrir um restaurante, um bar, qualquer coisa, qualquer coisa menos se aposentar e ir parar num mosteiro. Investir o dinheiro em alguma coisa. Qualquer negócio assim.

Café Saint-Michel, olha que nome bonito! Em toda Paris não há um só lugar para mais um café, mas não dá para imaginar um lugar bacana noutra parte do mundo. Mas não é nada disso, Edgar. Depois, o que você não entregar a Deus, lhe será roubado.

Hã?

Então me olha como se eu fosse uma câmara fotográfica e diz:

Você não entendeu ainda. O mosteiro não é uma prisão. É justamente o oposto.

Nem por um segundo se tratava de querer entender os gestos de Caio e sim saber o que *era* Caio. O que *é* uma pessoa? Aquilo que nos vem sem rótulo à mostra discriminando conteúdo, contra-indicação e data de validade? O que é o reino além de nós, conhecido por *O Outro*? Penso no mosteiro como um lugar onde se pode ficar a salvo do desejo, da dor e de outras distrações do espírito.

Aliás, meu velho, você já mora num mosteiro há muito tempo. Esta casa aqui. Você quase não tem vida social

(Eu não precisava ter vida social; minha mulher, Ceres, num certo sentido, cuidava disto: "Eu disse a Marta (uma amiga dela) que você escreve. Eu disse a Juliano que você usa cuecas samba-canção (um colega de trabalho), Eu contei às gêmeas que outro dia você...".)

Não preciso de vida social, Caio. Você vive meu desejo, eu digo. Roda o mundo por você e por mim.

Uma noite em cada lugar diferente. Sempre voltando para Milão no início da temporada. Que era uma porcaria ter de voltar. Porcaria mesmo, Caio. Tudo porcaria. Não se sabia por que ele, vez ou outra, vinha me visitar. Presume-se:

no universo movediço de Caio, esta casa nesta cidade sem graça, onde moro, era o único lugar estático.

Estou fazendo remo, isso quando dá – levantando a camisa marrom e me mostrando a barriga, onde (desde quando?) havia mais uma costela à mostra.

Mas você não tem um grama de gordura. Está a cada dia mais magro.

É preciso se cuidar, você não calcula a concorrência. Depois, os gordos que me perdoem, mas a barriga é nojenta.

Você se cuidando! Ao caminhar a pessoa põe um pé na frente do outro e vai. O que eu acho estranho é seguir assim aos trancos e barrancos. Ou você se cuida ou se dana de vez.

Trancos e barrancos?

É. As mudanças bruscas, eu digo. Caminhando você pára, muda de direção, contorna um obstáculo. Na vida você não faz assim.

Não? A gente está falando mesmo sobre o quê, hein?

Remo e drogas, por exemplo, não vejo combinação nisso. Nenhum sentido.

O problema é que você não tem ambição, Edgar. Apenas às vezes viver é caminhar por um lugar plano. É que você escolheu a leveza de uma vida comum, *ragazzo*.

A gente escolhe tão pouco na vida, Caio.

A ambição não faz o gênio, eu penso. O falso silêncio das ruas de Milão me fazia pensar de onde Caio tirava suas histórias. Fico desejando a verdade como se ela fosse algo simples e perfeito como um círculo. E não há *uma* verdade.

De repente sinto-me cair. Desejo me agarrar a alguma substância. Aquelas histórias me fizeram decidir ler tudo sobre Buddha. Não um mosteiro, Caio, não ainda, mas algo da verdade de Buddha. E sua paz. Talvez naquele instante Buddha tenha me sorrido. Um antigo texto essênio prega que, a despeito dos homens, Deus (não importa o nome que Lhe seja dado) está sempre sorrindo.

O que foi isso? pergunto. Havia uma horrível cicatriz na parte interna do seu antebraço.

É só uma ilhota... a Ilha do Marajó.

Está mais para a Polinésia toda. Ou o Japão.

Eu não acredito que você nunca viu, diz ele. Balanço a cabeça.

Caí da moto, botaram platina mas daí ficaram essas marcas... agora está mais forte do que nunca. Bate no antebraço.

É o que chamamos calo ósseo.

Isso mesmo. Uma merda que agora têm sempre que maquiar no computador.

Havia uma espécie de sabedoria inocente em Caio. Algo que fazia com que não aderisse a certos modismos, por exemplo – isso antes, muito tempo antes. Nos tempos de *piercing*, tatuagens, marcas, um corpo ao natural parecia dizer mais da vida. A vida que num decurso de tempo (dias para um inseto, uma eternidade para um anjo) perpassa um corpo, uma árvore, uma folha, e vai embora. A vida – uma chispa que vinha de um ponto oculto da existência.

Ei, você tem gelo? pergunta. Estava analisando as manchas roxas acima da virilha.

Volto com os cubos dispostos numa antiga embalagem de margarina. Ele brinca:

A gente precisa de poucas coisas para ser feliz, Edgar, e uma delas é um balde de gelo. E você não tem um!

Sorri. O olhar, porém, é igual ao seu destino: turvo.

Uma pessoa feliz não busca a felicidade. Uma pessoa feliz sequer cogita tal coisa. Uma pessoa em paz não está pensando em templos, incensos, silêncio, Buddha – ou está? Esparramava-se na cama.

Odeio hotéis, dizia. A profunda organização. Um tanto pior quanto maior é a quantidade de estrelas. A organização, o artificialismo dos móveis tão limpinhos. Os caras das gorjetas. Os cheiros falsos dos hotéis. A ausência de poeira, a naturalidade camarada da poeira não faz falta? A verdade, a realidade, compreende? Estou cansado do que é artificial.

Digo a Caio: Alguém disse que Deus é como a linha do horizonte: você acha que está perto, mas um passo em sua direção e ela se afasta. Constantemente presente, parecendo à mão, mas fora do nosso alcance.

Isso não é Deus. Isso é a ilusão que se tem de Deus, ele rebate.

Você está procurando Deus?

É a única coisa que vale a pena ser procurada, ele responde.

Talvez seja a mais difícil e improvável das coisas, eu digo.

Por isso mesmo, conclui. Talvez nem todo mundo precise disso. Você, por exemplo. Você é naturalmente bom, Edgar.

Deve haver algo de errado com essa minha "bondade", Caio. Às vezes penso que ajo apenas como qualquer bicho agiria.

Caio me sorri seu sorriso de falsa humildade.

Como aquele sorriso cheio de esperanças poderia combinar com o que veio a acontecer?

* * *

Caio sempre voltava. Como se fosse um barco que o mau tempo insistia em devolver à praia, a mim, aos pedaços. Talvez por isso, no Natal daquele ano (ficara uma semana inteira) eu tenha lhe dado uma camiseta preta com a palavra INFLAMÁVEL escrita em vermelho nas costas, sob fundo cinza, em tamanho discreto. Caio e seu movimento de maré. Até que suas aparições passaram a ser algo com que se podia contar. Como uma pensão mensal.

A cada volta estava diferente. Diferente como o que perde algo, se desgasta. Seu rosto, sua voz. As palavras deixando a boca, cada vez mais rápidas. A nuca cada vez mais tensa – nem um pouco aliviadas pelas gargalhadas cada vez mais agudas – drogas. A vida estava passando por Caio com uma velocidade um tanto demasiada. E não passava impunemente. Porém eu gostava, de algum modo estranho e obscuro, eu gostava. Talvez pelo ar de festa, de inusitado. Eu descobrira a beleza do que se move. O medo, a dor, a dúvida paralisam. Eu descobrira que começava a gostar do rio caudaloso que era Caio. Com sua presença ele me lembrava que somos animais, que temos fomes e desejos. Algo compatível com a *Doutrina do Dharma* de Buddha

Era bom.

O Ciclista

Tão logo o Ciclista entra, começa a chover. Às vezes acontece. De repente, numa tarde límpida, uma chuva atípica, carregada de um frio que, de tão agradável, dir-se-ia morno. Uma tarde retirada de um outono de um país do Leste. Coisas desta cidade sem estação definida. Eu não poderia deixar o Ciclista ir-se com uma chuva daquelas. E nem teria uma capa de chuva para emprestar. Escurece. De modo que os olhos escuros do Ciclista pareceram ainda mais escuros, devido à súbita falta de luminosidade. Desde o começo, uma chuva violenta, em pleno agosto, um temporal. Ele olha pela janela e se surpreende. Há bondade na chuva; apesar de inesperada.

Sempre está chovendo em alguma parte do mundo, eu digo.

É um pensamento que me acalma, a proximidade da água, a transformação de um fenômeno da natureza metamorfoseado magicamente em bênção, o modo como a chuva ameniza a feiúra do concreto. Um dia de chuva acrescenta-me a sensação de limpeza. Há bondade no ozônio.

Ele ri, meio desnorteado, olha para os cantos, até encontrar as quarenta e quadro fotografias de Caio, 15x20, em preto-e-branco, dispostas por Ceres, lado a lado, na parede verde. Olho para o Ciclista. Tenho vontade de perguntar o que ele faz nos dias de chuva. Acho engraçado perceber a bênção de uns transformada na maldição de outros.

Assim é a vida.

O que pode acontecer a um ciclista? Gotas de uma chuva desavisada, talvez; uma corrente de repente fora do aro; um pneu furado – pouca coisa, muito pouca coisa, coisas sem muita importância; ninguém, ninguém mesmo, com intenção de se matar, se jogaria na frente de uma bicicleta.

Eu só soube que ele trabalhava com isso um dia desses, ele diz.

São fotos feitas em estúdio, parte de um dos primeiros portfólios de Caio, dadas a mim como um atrasado presente de aniversário. (Na verdade, a mim *confiadas*, uma vez que Caio não morava em lugar algum.) Algumas dessas fotos realmente boas. Como se a câmara fosse capaz de fixar as dezenas de músculos que são acionados para produzir o simples gesto de levar as mãos aos cabelos. Um animal à espreita.

O Ciclista conta que viu uma foto de Caio numa propaganda, numa revista.

O Ciclista corre os olhos pelas capas emolduradas de três das mais de vinte edições do meu livro de biologia. Um projeto de meu pai, que atualizo anualmente (mais para alimentar as ganâncias do editor). Vê também o computador ligado e quase duas dezenas de livros amontoados na escrivaninha. Todos sobre Buddha e Zen-budismo. Parece lhe interessar a quase ausência de paredes da casa.

Caio estava pensando em se tornar budista, eu digo. Depois vou até o computador e desligo a máquina.

Eu me pergunto, agora, se aquilo era desejo por um deus ou desejo por um homem. E concluo: era o mesmo e sempre desejo por aquilo que nos completa.

Desculpo-me pela bagunça com os livros. É de quem mora sozinho, digo ao Ciclista. Sorrio o sorriso que já me salvou a vida várias vezes. E digo também: era bem melhor quando eu era casado. Ainda não me acostumei. Até um dia desses eu tinha uma mulher, eu digo. Na mesma tarde outra vez esbarrando na lembrança de Ceres.

Ceres

Ela pára a leitura, levanta um pouco a cabeça e fala alto como se eu estivesse a uns três cômodos de distância.

Eu não entendo como você não implica com o que leio, Edgar.

Pelo menos você lê no original – respondo meio debochado. Ceres se obriga a ler *best-sellers* em inglês devido ao emprego como secretária numa multinacional. – De um jeito ou de outro, você sempre acaba fazendo o que quer. Depois, não é só você que escolhe o que vai ler na lista dos mais vendidos. É quase a regra. Você faz parte da regra, só isso.

Isso quer dizer que sou vaidosa, tola e insegura, ela fala. A inflexão é doce, irônica. Não há autopiedade no tom que reveste suas palavras.

Errado. Uma pessoa insegura jamais admitiria isso! Uma pessoa insegura está sempre tentando provar algo. Você não é o tipo de pessoa que anseia por ouvir um eu te amo, por exemplo.

Não. Não sou. Mas eu só queria que você me amasse numa língua que eu pudesse entender. Você me ama numa língua estrangeira, Edgar.

Uma boa frase feita essa, é desse livro?

Não seja engraçadinho.

Depois ela desvia a conversa para um outro lado. – Seria tão bom se chovesse e passasse este abafado! A boca ainda não voltou ao normal, ainda mantém, leve, a forma do último sorriso.

Cala-se, de repente. Tecelã de abismos.

Levanta-se da poltrona (sua pele marcada pela trama da blusa faz pensar num tipo qualquer de lagarto).

Apenas os anos podem nos dar, como um sopro de vida, este olhar para alguém e se perguntar por onde esse alguém andou. O que fez em suas tantas outras vidas, quantos amou, quantos viu partir, quantas chuvas viu arrastar aldeias inteiras na Índia, na África, de quantas manhãs despencou ou quantas pérolas viu brilhar no fundo do mar de Sumatra.

Ceres volta com um copo d'água.

Em nenhum outro lugar do planeta bebe-se uma água como esta – eu digo. (Esta cidade tem fama – bastante contestável – de possuir a melhor água mineral do mundo.)

Você está esquecendo uma coisa, bebe-se também ao momento – ela diz. Daí ergue um brinde: – A nós: aos meus livros vagabundos e aos seus livros sagrados sobre budismo... à exceção e à regra! – os olhos de Ceres brilham.

O silêncio que se segue é preenchido por uma tensão sexual. Trago-a para mim, busco sua boca. Ela larga o copo. Nos acariciamos no sofá. A tensão aumenta a temperatura do corpo, o sangue corre em direção aos espaços vazios e os endurece, o corpo vai impondo sua vontade, o desejo de tomar o outro corpo e explorar superfícies. Por um breve momento passa por Ceres um frêmito de inadequação por o desejo nos encontrar em meio a uma quente tarde de sábado, o sexo antecipar-se ao seu longo ritual do banho. Está bem assim, sussurro, enquanto beijo seu ventre, lhe dispo, separo os lábios esquerdo e direito e sinto na ponta da língua sua textura de salmão cru que tanto me excita. Ela praticamente não geme, como se fosse a última das mulheres medievais, a quem o prazer é proibido. Isso me excita ainda mais, me faz procurar pelos lábios internos e chegar ao clitóris, a fim de libertá-la.

Ceres ainda não é capaz de aceitar a animalidade em nós. O pescoço, o pulso, a virilha e os seus cheiros característicos. A generosidade feminina, entretanto, nunca a abandona. Essa generosidade feminina em abrir-se para receber o homem, esse corpo estranho, sua boca, sua língua, seus dedos, seu pênis, seu esperma. Essa generosidade, pelo homem pervertida: para o macho, abrir as pernas é sempre um gesto de fraqueza. Quando, nesse gesto, está escrito o apuro da generosidade, a evolução em direção ao humano.

* * *

Aos 22 anos Ceres descobriu que era estéril. Aos 35, a impossibilidade da realização da maternidade parecia não abalá-la; de modo algum, Ceres não pensava em adoção, nem mesmo em criar um cachorro – mas havia aquela necessidade de modificar tudo à sua volta (ah, pelo menos sobre seu mundo teria controle!), isso não podia passar despercebido.

Você não quer ser pai?

Eu disse que achava estranho planejar um filho, como quem planeja uma reforma; disse que deve ser daquele tipo de coisa da qual só se sente a falta quando se tem e se perde. Ela não estava convencida, como se fosse impossível transpor aquela "desvantagem" em relação às outras mulheres. Ceres não sabia que conseguira aplainar em mim todas as ranhuras, como se não houvesse antes dela nenhuma outra mulher em minha vida. Aquela insegurança era só uma pequena ilha, um pequeno ponto escuro em sua mente. (Muito embora, numa ampla superfície branca, só temos olhos para o pequeno ponto preto.) Sua grande aptidão era para a segurança e a liberdade: gostava de ir ao cinema sozinha, por exemplo, enquanto eu passava as duas horas de projeção dando voltas pelas livrarias.

Vocês receberam o novo livro do Dalai-Lama?

* * *

Foi de Ceres a idéia de pintar toda a casa de verde (de um verde-água que se faz escuro em certos cômodos, dependendo da luz), pois "o verde foi a cor que a natureza escolheu para cobrir o mundo". Minhas apenas as cortinas azuis, de plástico, do banheiro (num acidente Caio rachou o vidro do box, que sempre me causou claustrofobia); as 44 fotos (de frente, de costas, de perfil, vestido, seminu, nenhum sorriso) de Caio, uma provocação que ela se decidira ignorar, como quem ignora as raízes inoportunas da árvore do vizinho que teimam em se expandir em direção ao nosso jardim estreito.

Foi de Ceres a idéia de sugerir a cor de todos os móveis: branco. Dei de ombros. Impedi apenas a removedura das 44 fotos de Caio, que cobrem toda uma parede, e dos armários com os livros herdados do meu pai.

Me lembram caixões esses armários, Edgar. Na minha rua tinha uma funerária... sabe o pior com as funerárias? Elas não fecham nunca, nem no domingo, ficam expondo aqueles caixões horrendos o tempo todo, e era uma funerária de terceira, daquelas que capricham nos caixões roxões do pior tipo. Gosto da altura do pé direito desta casa, pé direito alto é uma riqueza... como é que a gente pode tirar proveito disso? Não... Vamos rebaixar. Vai ficar mais aconchegante. E assim vai moldando tudo à sua imagem e semelhança. Ceres não tem papas na língua. Quanto a mim, só me resta concordar.

Ei, a estética da morte é assim tão ruim? Eu gosto de caixões! São feios como guarda-chuvas fechados, mas gosto mesmo assim.

(É que a morte Ceres não controlaria.)

Mas, amor, não dá para se livrar das estantes... o pó adere aos livros de um jeito infernal. Não há como dispensar os armários.

Tantos livros velhos... não estão defasados depois da internert e tudo?

Além dos livros (8.819 volumes), o que me dá legitimidade? Não a cor das paredes. Não a cortina do banheiro. Não as 44 fotos de Caio.

(No futuro eu relembraria esses momentos, enquanto buscava uma explicação para o que acabou acontecendo.

Eu me perguntaria se Ceres não teria ciúmes da minha relação com os livros, como se cada um dos 8.819 volumes nos armários correspondesse a um sentimento meu. Livros-sentimentos à mão, porém guardados. Ou talvez fosse a presença excessiva de um Caio artificial fixado à parede, reproduzido 44 vezes. Mas se eu me livrasse dessas coisas, quanto de mim restaria na casa? No futuro eu me perguntaria se em seu jeito calmo não estaria oculta a mais voraz-ciumenta das mulheres.)

Não permiti que retirasse as fotos, também, porque é preciso um certo cuidado antes de decidir desocupar uma parede (não só pelos sentimentos por Caio). Porque, uma vez posta lá e se um dia retirada, a ausência de certas fotos passa a reclamar uma certa ordem. Um antes. Acontece o mesmo com pessoas.

Certo, vamos deixar os livros nesses caixões aí... – disse ela.

Já temos beleza o suficiente dentro de casa. Suas duas pernas, por exemplo. Vamos contrabalançar a beleza de suas pernas com os armários – digo. Ela sorri com o elogio.

Ceres me sorri seu sorriso de mil flores se abrindo enquanto vai mandando pintar tudo de verde, como uma maluca. "Já que você não sai de casa, já que aqui é seu país, é preciso fazer alguma coisa. Alegrar isso", disse.

Não acho o verde muito alegre.

Este verde é. De uma alegria calma. Melhor do que branco, esse branco morto dos hospitais de antigamente.

(De uma euforia por ordem e novidades – depois da conquista, quedou-se quieta, deprimida até a ponta dos pés.) Fico olhando suas "verduras", agora, nossa casa transformada numa floresta onde ela pudesse deslizar à vontade, com o talento das serpentes.

Que bom se na vida tudo fosse tão simples quanto derrubar ou mudar a cor de uma parede.

* * *

Eu amava em Ceres seu imenso talento para a vida (era quase chapliniano), o modo como refazer um arranjo de flores fazia-a mudar de humor – por mais que essa vida não fosse como ela desejava. Pequenas coisas lhe abrindo um oceano de satisfação. Ceres transformava o dom de viver numa arte elevada.

Um sorriso.

Um silêncio.

Um coração aquecido.

Se chorasse, algum dia, seus olhos verteriam pérolas no lugar de lágrimas.

Depois de tantas paredes derrubadas e pintadas de verde, o lar. Finalmente, *o Lar*. A satisfação. Algo que começa como um calor no centro do umbigo e se espalha pelo corpo, tomando a forma da alegria.

Nossa relação... Mesmo se nossa relação tivesse se revelado um equívoco desde o começo, Ceres iria transformá-la numa experiência transcendental, perfeitamente redonda e doce como um caramelo, uma antiga bala sabor café chamada *soft*. A voz de Ceres tinha o gosto dessa bala, e soava como a marca – *soft*. Mesmo quando dizia: "Um homem que sabe lavar pratos tão bem não pode ser confiável!", e a partir daí passava a se sentir insegura, por algum motivo obscuro. "É que eu sou uma pessoa metódica, Ceres. Uma pessoa metódica e sem pressa consegue fazer bem qualquer coisa".

Ela me dava vontade de roubar uma felicidade que eu sabia reservada a poucos. Em Ceres, por um momento, ser feliz era mais que uma promessa.

* * *

No céu concebido por Ceres haveria um homem que antes de desejar bom dia, lhe lamberia a nuca, procuraria suas sandálias e as colocaria aos pés de sua cama. No céu de Ceres não havia lugar para um homem que às vezes se contentava com suas pílulas amarelas, o laboratório de fotografia, seu lençol azul e o luxo imenso do silêncio que só a solidão proporciona, um homem que ficava horas esquecido do mundo. No céu concebido por Ceres não haveria lugar para seu companheiro sentir satisfação com a presença de outra pessoa, um outro homem, esse outro um tanto desequilibrado, que por vezes aparecia do nada, não se sabia de onde.

Além de ser aquela que reinara muito pouco em criança (a diferença de idade era de apenas um ano entre as três irmãs), Ceres não podia conceber, e residia longe da casa materna (ao contrário das irmãs, que apesar de casadas e cheias de filhos, moravam na mesma cidade dos pais), e possuía como marido um homem cuja profissão era um mistério. ("O seu marido faz mesmo o quê?", seus parentes estavam sempre perguntando) Então, por que nos encontramos e estreitamos um fio (que no início parecia infinito) a ponto de, juntos, derrubarmos paredes, quebrarmos pisos, para reunir num só lugar nossos dois mundos distintos? Talvez porque Ceres tivesse esperança. Uma inabalável esperança em seu talento para a organização, o processamento, a transformação.

Um talento que acabou se revelando inútil.

* * *

Sendo a mais velha entre as irmãs, pode-se pensar que o amor que Ceres tenha recebido tenha sido sempre um amor fracionado e insuficiente. Talvez isso não tivesse muita importância. Boa parte das relações parece nascer desse tipo de ausência: não raro as pessoas se ligam a outras, investem tempo, dinheiro, transformam sapos em Príncipes e retardadas em Minervas; todo tipo de concessões são feitas, e para quê? Como se fosse possível recuperar o que se extravia ou salvar a casa construída sobre areia. Ao contrário da amizade, o amor exigindo tanto: corpos perfeitos, exclusividade, quase sempre egoísmo, carreira bem-sucedida. "Seu marido faz mesmo o quê?"

O fato é que Ceres desejava pôr ordem numa pessoa. Como quem põe ordem em livros, quadros, almofadas. (Era mesmo estranho constatar o medo que se seguia à observação de Ceres e seu cuidado extremoso com as plantas do minijardim: o modo preciso como a tesoura conduzia a poda ou como a terra dos vasos era remexida para receber novos nutrientes. Uma pequena gota de sangue causada pelas minirroseiras exigia algodão, água oxigenada, *band-aid*. Não só precisão: cálculo e frialdade — estava claro que alguém assim seria capaz de algo premeditado e reprovável como suicídio e assassinato.) Não havia espaço para as esporádicas mas vitais aparições de Caio no mundo organizado de Ceres. Tinha-se a impressão de que, a Ceres, as aparições de Caio eram algo como manchas de umidade no teto ou no veludo do sofá – algo terrivelmente desagradável e motivo de vergonha. Algo que se aceita a contragosto enquanto não é providenciado o conserto.

Como conciliar no mesmo mundo dois seres tão diferentes (Ceres e Caio)? Ou três (Ceres, Caio e Eu)? Talvez não houvesse outro modo de as coisas acabarem.

* * *

Mesmo de madrugada, lá estava seu bom humor chapliniano, sua disposição para o lúdico.

Seja sincero, Edgar. Do que você gosta mais: de minha personalidade ou dos meus peitos?

Hã?

Vamos lá, não enrole, responda.

Percorro seu colo com a ponta do dedo, circulo o bico de um seio enquanto respondo. Bom. Personalidade você não tem nenhuma, peitos pelo menos você tem dois.

Cachorro!

Eu entrava no jogo. Ela ri e tenta me sufocar com um travesseiro. Eu me safo e logo nossos corpos voltam a se interpenetrar, a se fundir. De um modo tão perfeito que às vezes o coração doía, de tão terno. Não, não propriamente o sexo, mas o modo como meu corpo se acomodava ao de Ceres (o reconhecimento, uma alegria, um entrar pela primeira vez no mar-amplidão). O som de dois corpos pulsando, lado a lado, depois de tudo. Um certo silêncio. ("Gosto quando você fica assim, caladinho".) De repente habitar um mundo onde as palavras não eram necessárias. O descanso. Um sem mar de peso nos ombros. Um descobrir-se uma outra pessoa, quando juntos, quando abraçava seu ventre e sentia seus dedos, suas unhas tão bem-aparadas se apossando dos meus cabelos, de minha nuca, de minhas nádegas. Sim, o sentimento de se perder um pouco enquanto adentrava seu corpo e sentia suas unhas em minha pele, como se possuir alguém findasse por ser algo que vai além dos centímetros da carne que mergulhamos no desconhecido do corpo alheio; como se possuir alguém também fosse se perder, pouco ou muito, por isso talvez o gozo fosse segurado ao extremo, até explodir não só num prazer, mas num pouco de dor também (que às vezes me fazia enfiar a cabeça no travesseiro a fim de esconder algumas lágrimas).

Ahhhhhhh...

Não havia como comunicar aquilo, e talvez fosse o correto, para não fazer surgir o sadismo, a necessidade escura de machucar a quem se ama. Ceres portanto tinha que se contentar com meus suspiros prolongados depois do sexo, com minha quase imobilidade. "Gosto quando você fica assim caladinho".

Às vezes você parece um menino, dizia, depois de eu ter derramado dentro dela meu sêmen, sempre numa quantidade tão grande, sempre aquela mistura de relaxamento com sensação breve, porém real, de perda. Era um pouco constrangedor também o modo como eu parecia querer afogá-la em um líquido que, apesar de nobre, não deixava de ser secreção e de sujar seus preciosos lençóis. "Você parece um menino", dizia. O excesso de líquido da juventude, ao menos, eu ainda tinha. Àquelas horas eu deveria estar remoçado.

Naquela época você ainda dava aulas de biologia.

Você namorava um amigo meu.

E você ia de lá para cá com aquele carro cafona.

Era do meu pai. Não é fácil se livrar de um carro daqueles... nem tão velho a ponto de ser relíquia e valer alguma coisa, nem novo a ponto de não se envergonhar dele.

É assim mesmo que acontece, está nas estatísticas. Apenas cinco por cento dos encontros ocorrem por acaso. A maioria rouba os parceiros uns dos outros.

Depois que roubei você ele acabou me odiando.

Não tivemos culpa.

Aconteceu.

Correto.

Mas vá dizer isso a ele!

Você chegou a se sentir culpado?

Não. Mas não deixa de ser triste. Era um bom amigo. E você?

Não. Ele não era um namorado tão bom assim.

Como amigo, era. Tomamos muito chope juntos depois das aulas.

Por que, para os homens, traição é um pecado tão grande?

Meu pai dizia que quem trai um trai cem.

Coitado dele, porque, de certa forma, não se pode confiar no que é humano.

Nenhuma mulher o suportava. Todas iam embora.

Alguma ele aprontava!

Acho que sim. Incrível. Eu não ia achar nunca que moraríamos juntos.

Inevitável, coisas da idade. São as mudanças hormonais... você entende bem disso, senhor biólogo.

É, o tempo faz coisas com a gente. Escuta. Você tem aquelas fantasias do tipo um negro enorme com um pau idem?

Não. Tenho com *dois* negros enormes e paus idem! Um só negão não chega a ser assim uma "fantasia sexual".

Folgo em saber!

Sabia que o orgasmo masculino ocorre trinta minutos depois da ejaculação?

Mas aí já estou dormindo! Ei, onde você leu isso?

É sim, e o ponto G do homem fica num lugar onde vocês homens, pelo menos a maioria, não quer que ninguém mexa.

Pronto. Descobri que nunca tive um orgasmo e que nunca vou querer ter um!

Ríamos. Uma espécie rara de riso compartilhado. (Um riso compartilhado que esclarecia certos momentos escuros. Lavava o embaçado de uma vida. Amantes costumam partilhar o riso. A diferença entre uma amante e uma prostituta, entre um amigo e um estranho, sempre seria a *qualidade* do riso compartilhado.)

Você vivia dizendo que gostava de homens musculosos, do tipo Jean-Claude Van Damme.

Ainda gosto, ela diz.

Eu nunca entendi, não combina com você. E eu? eu sou bastante magro.

Você não é magro, você é durinho e sequinho.

Ah isso ficou parecendo propaganda de bolacha *cream-craker*!

... Acho que tem mel lá embaixo, você com mel... que acha da idéia?

Sorrio. Talvez Ceres nem desconfiasse o quanto sabia como agradar um homem. O quanto podia ir além do sexo, o quanto oferecia em aconchego.

Já notou? É só perguntar a alguém o que pensa de nós e quase sempre a pessoa acaba descrevendo a si mesma.

Uma boa teoria, essa – ela diz.

Não é teoria.

Então, o que é que você pensa de mim?

Pára com isso, vai.

E as mulheres que você conheceu antes?

Com o tempo as relações vão se parecendo com guarda-chuvas: vamos perdendo, deixando pelos cantos, não sabemos o que aconteceu com eles, sabemos que um dia estavam conosco e depois nunca mais.

Ela me beija, depois rola para o lado e apóia a cabeça na mão. – De Juliette Binoche, você ainda gosta? – prende os cabelos e faz caras e bocas.

Ela botou botox. Ela era tão bonita antes do botox, quem foi que inventou que uma mulher não pode ser bonita sem botox? Nisto acho vocês umas coitadas: mulheres são fáceis de enganar. Mas atrizes não contam, não são como pessoas reais.

É, elas não podem te fazer isto! – daí me belisca um mamilo. – Que tal, vamos à caça do ponto G masculino. – Rolamos, como crianças.

Este tipo de entendimento, de brincadeira, esse jogo lúdico, era possível. Embora Ceres não pudesse ser descrita como uma mulher de beleza padrão, o jogo infantil que nos permitíamos tornava-a luminosa, uma habitante de regiões abissais, mas com luz própria.

Um plâncton.

* * *

Enquanto agua as plantas pisca para mim a fim de me chamar a atenção para os novos vizinhos da frente, um casal de velhos que denominamos Sr. e Sra. X. estão discutindo – sempre estão resmungando um com o outro. Em nossa rua tranqüila (boa parte dela formada pelo muro de um quartel), o casal X é uma atração à parte.

Levanto o rosto do jornal. – Nós amanhã – eu digo.

Já pensou que esquisito se eles não existissem, se fossem a gente mesmo no futuro.

Sim, em um episódio do Além da Imaginação – eu brinco.

Ela anda preocupada.

Você acha que estamos conversando menos que no ano passado?

Por quê?

É o que acontece quando os casamentos estão no fim. Está nas revistas. Talvez eles – aponto o queixo em direção à casa do Sr. e da Sra. X. – só estejam juntos porque briguem o tempo todo. Mas essa história da revista pode também não ser verdade.

 Não senhor! Está em *todas* as revistas. E é pesquisa americana, coisa séria.

* * *

 Não se vive apenas do amor ou da ilusão que se tem do amor, há também a náusea, o quase. Mas a Ceres não interessava pensar nestes termos. O mel, sempre o mel. Ceres não estava interessada na dificuldade representada pelas abelhas e seus ferrões.

 De vez em quando você poderia me odiar um pouco, é legítimo. Perfeitamente legítimo, eu dizia. Ela desdenhava, numa alegria colorida que se dispersava pela casa – bolas de gude ao caírem no chão. Durante anos eu tentando acompanhá-la em seu labirinto.

 Talvez fosse inocência. Algo que podia ser comprovado no modo como ela não entendia como mulheres siliconadas e semi-analfabetas fossem convidadas para programas de entrevistas. Essas mulheres estavam sempre sendo questionadas, como se seus silicones fossem suprimentos extras de neurônios. "O que você pensa da situação do país?" Essas mulheres não pensavam nada, evidentemente, mas sorriam com certo exagero e diziam qualquer bobagem, sem saberem sequer a diferença entre "mas" e "mais"; o contra-regra fazia surgir a palavra "aplauso", a platéia aplaudia, e após as palmas o jogo prossegue. Era tolo e sem sentido. "Então, por que você assiste a isso?", eu perguntava. Ao que parecia, Ceres pretendia saber até onde se podia descer à bestialidade absoluta. Mas não se dava conta de que sua audiência era a parte mais importante do processo, era a raiz, sem a qual a planta carnívora do show dos horrores não existiria.

* * *

Em Ceres a beleza era uma possibilidade, apenas por um triz não era uma mulher bonita. (Mas aquela pessoa por quem se espera a vida inteira não pode ser perfeita – é isso que faz sentido: algo que nos vem perfeito não nos completa, pois não somos circunferências perfeitas, somos todos denteados.) Assim, Ceres inteira ficava numa espécie de limbo: não fosse o cuidado com o vestir, poderia passar despercebida. O oposto de Caio. Talvez também por isso, o chegar de Caio na madrugada, abrindo a porta e desabando no sofá ou tapete, como um grande cão branco extenuado após o arrastar do trenó por todo o Alasca, a incomodasse. "Ele está lá embaixo", dizia, como quem diz "deixe a luz acesa", sempre uma voz neutra (artificialmente neutra?). Não importava se a ausência de Caio já durava um ano ou mais: Ceres sempre o anunciava da mesma forma fria. Era sempre de madrugada quando ele aparecia (por que tantos vôos noturnos?). A redoma em que Ceres o colocava era compacta, perfeitamente visível, dura.

O gelo do ártico em torno do cão.

Eu descia e constatava. E ficava feliz, uma felicidade misturada a uma espécie de alívio. Talvez fosse aquela espécie de dor de existir que ele tinha (tão perfeitamente camuflada por tintas e acabamentos nas fotografias). Uma certa aura que fazia minha própria dor sem nome se sentir acompanhada. Uma verdade. (Um contraste com o mundo organizado de minha mulher.) Lá estava ele: uma viva natureza-morta. Invariavelmente, eu dava uns tapas afetuosos em seu ombro e dizia "melhor você subir e dormir de verdade lá em cima", que era o quarto de hóspede. Ele não respondia. Nunca aceitava subir, como um animal que respeita o território alheio. Ele não caía no sono: ele desmaiava. Eu juntava seus sapatos, às vezes desabotoava sua camisa e conferia-lhe a respiração (os olhos estavam fechados, o cabelo fino caído na testa, a boca "apagada", os lábios que ficavam cheios nas fotografias naquele momento parecendo traçado a nanquim de um desenho japonês; a boca grande mas delicada, andrógina, contrastando com o nariz longo e o quadrado do queixo), depois eu saía em busca de um cobertor. (Uma criatura da noite: os cabelos pretos, os olhos negríssimos, uma pele branca que parecia nunca ver o Sol.) Quase sempre sua pele estava fria.

A essa altura Ceres já começava seu dia. Banho, maquilagem. O perfume anunciava-a ainda no topo da escada. Nos dias em que Caio aparecia, Ceres saía de casa sem uma xícara de café. À sua passagem deixando frases do tipo "hoje tenho um dia cheio", "devo chegar tarde". (Compensaria a saída antecipada fazendo duas vezes o percurso de 53 quilômetros que separavam nossa casa do seu trabalho, na capital? Rodaria a esmo enquanto a cidade acordava?) A raiva em Ceres era apenas um subtom. Ela não entendia-aceitava que entre mim e Caio houvesse uma ponte que qualquer um de nós podia atravessar a hora que quisesse, uma ponte que não era acessível a mais ninguém e que fora construída não em decorrência do parentesco e sim graças a nossas tantas concessões.

Com o tempo, suas chegadas foram deixando de ser algo assim tão plácido. Aquilo começou a me incomodar. Cada vez com mais freqüência começava a chegar bastante mal – e era incrível constatar como os sete anos de diferença me faziam muito, muito mais velho, quase um pai – e eu tinha que arrastá-lo até o banheiro (angustiado ante a possibilidade de minha mulher presenciar aquilo), lavar a bílis de sua boca, tirar-lhe a roupa (o sexo encolhido, os testículos grandes no saco escrotal frouxo, sua pele branca marcando em vermelho com facilidade). Ele ria ou reclamava, bêbado-drogado se divertindo com a situação? Em se tratando dele nunca se sabia. Provavelmente, as duas coisas. Depois parava. Os olhos fitando a ponta dos pés por horas, o que me forçava a me levantar da beirada da banheira, sair para abrir as janelas e deixar que entrasse a maior quantidade de vento, de oxigênio possível. Quando a presença dele transformava o lugar, deixando-o cheio de silêncio. Caio, Caio, mais devagar. Era o que eu queria dizer, era o que eu me sentia dizer enquanto fazia as vezes de salvador. E me sentia vazio como quem pega um filho no colo e repete *está tudo bem, está tudo bem*, sabendo que nada disso era verdade.

Quando chegava inteiro quase sempre eu voltava para cama, por saber que Caio só estaria embaixo do chuveiro às dez, onze horas do dia seguinte. Era o único modo de ter companhia no café da manhã e de me inteirar de algo, antes que ele voltasse a desaparecer.

* * *

Em um futuro próximo, cada vez mais eu me debruçaria sobre um Caio e seu auto-abandono, miraria as picadas nos pés (meu Deus), ajudaria a despi-lo e a colocá-lo num banho quente, sentiria o cheiro azedo de bílis, como de costume. E sentiria medo. Caio me acenaria com um riso vago, cansado – por me ver autor de tantas gentilezas mas incapaz de salvá-lo? Como não o salvei quando ele mais necessitou. Na infância. Não adiantava minha mente começar sua cantilena – você era grande o suficiente para entender, mas pequeno demais para agir. Não adiantava nada.

* * *

Um sorriso vago-cansado que ri de minha esperança.

Você não come nada, eu digo, em pé ao redor da mesa. O café da manhã é posto numa hora em que o sol está alto.

De manhã é difícil, Edgar, um café com creme, no máximo. De preferência sem açúcar.

Eu queria que Caio me perdoasse por eu ter esperanças. É claro que eu tinha esperanças (como alguém na prisão, no deserto, no campo de concentração pode respirar sem ter esperanças? e eu estava desesperado a ponto de ouvir uma orquestra conduzindo a triste música do adeus). Tinha esperanças também porque às vezes um Caio todo azul me sorria, de repente remoçado pelo banho, pelo sono, por uma xícara de café e quase duas horas de audição de um disco que trouxera (sempre aqueles tambores). *Eu adoro música árabe! Escuta isso!*, diz ele. Um solo de flauta de bambu atravessa um mar de tambores e me atinge com a força da beleza, da certeza, da felicidade. O desespero, Caio, faz surgir as esperanças mais remotas.

Ri de mim. Ainda tenho uma boa quantidade de discos em vinil. Às vezes sinto saudades do crepitar de fogo do vinil. Sem ele, algumas músicas do Miles Davis não funcionam. Mas posso falar o dia todo e ele não vai entender.

* * *

Antes de ir embora, um Caio todo tranqüilo às vezes me dizia: Ela me odeia. É, ela... acho que ela me odeia mesmo.

Não, não é isso. É uma outra coisa. Ceres é bacana demais para odiar alguém. É que você ela não pode controlar.

A justa medida de
todas as coisas

Toda a doutrina de Buddha aponta para o sofrimento causado pelo desejo e pelo apego. Todo objeto de desejo um dia causará sofrimento – porque aquilo que nos causa felicidade pode vir a ser o instrumento de infelicidade, na mesma proporção. Traduzido pela doutrina cristã seria algo como "cuide bem dos seus olhos, pois onde estiverem seus olhos lá estará seu tesouro, e onde estiver seu tesouro lá estará seu coração"? Em quase 1.500 páginas da trilogia *Apego e Perda* (editora Martins Fontes), o psicanalista inglês John Bowlby conclui que a Tristeza, a Depressão, a Angústia e a Raiva (bases de toda a nossa dor) são os frutos do apego e da perda.

Uma das Quatro Verdades Nobres de Buda, retomada dois mil e quinhentos anos depois de exposta.

Ceres

"Um dia você passou a viver em mim de modo ininterrupto, como uma doença, eu via qualquer coisa interessante, eu pensava qualquer coisa que poderia ter dito e lá estava você presente, sempre aquela saudade, aquela falta", disse Ceres. Como uma doença? Mas uma doença é uma coisa tão ruim, uma figura tão mórbida essa. Ceres também fora capaz de dizer: "É muito fácil enlouquecer uma pessoa, basta amá-la e depois desaparecer, sem o menor motivo, sem deixar vestígios". Na ocasião, eu havia passado o dia fora e não a avisara. "Mas eu não desapareci", eu disse. "Foram só algumas horas".

Um amor hesitante o de Ceres. Talvez porque por dentro Ceres estivesse sempre fazendo cálculos do tipo Qual o sorriso mais apropriado. Isso dava a Ceres um ar de constante arrumação. Ceres descobriu como fazer um mundo mais bonito e acolhedor para os outros – mas não se sabe se tudo isso era suficiente para ela própria. Que tipo de pessoa seria capaz de satisfazê-la? Quem estaria disposto a dar uma parcela daquilo que Ceres distribuía aos quatros ventos, sem qualquer medida?

Antes que eu pudesse ter a resposta, Ceres foi embora. Um dia deixou nossa casa, nossa casa verde. Sem qualquer explicação. Um coturno de chumbo esmaga um canteiro de flores brancas e desprevenidas – na manhã daquele dia – com a fatuidade de Ceres. Minha vida se extravia de si mesma. Nos primeiros dias me deixo ficar parado no terraço, olhando a rua com uma garrafa de vinho aberta. Um vinho guardado para uma ocasião especial – as ironias do destino. Os Sr. X põe o lixo para fora. A senhora X varre as folhas do jardim, varre-as para a rua, emporcalhando a via pública. As Gêmeas que moram ao lado saem para a escola, cochichando seus segredos adolescentes. Quando a Sra. X sai para comprar pão o vinho finda, a tarde já seguiu alta e lerda e eu ainda no terraço. Na casa do casal X vê-se pela vidraça a luz da tevê, ouve-se vindo da cozinha o barulho de um eletrodoméstico. No início eu acho que posso permanecer no terraço por toda a eternidade. Ninguém vai me telefonar. Eu não vou telefonar a ninguém. Sou uma ilha, cercado de ausências por todos os lados. Uma ilha habitada pelo insípido da ausência de Ceres, um insípido roubando o gosto das frutas, dos grãos, dos vinhos. Que não adianta querer fugir do silêncio quando esse silêncio está cheio do barulho da ausência de alguém. Uma ausência idealizada, talvez, um modo como o veio de sangue deixado por sua unha em nossas costas na hora do sexo passa agora a ser luminoso, fluorescente, não só indolor ou prazeroso. Nos primeiros dias eu me peguei me consolando-pensando: Pessoas são seres híbridos: a bondade e a maldade, o medo e a dor, a coragem e a covardia, o que é exposto é o que não é. O que importa é a proporção de cada um dos sentimentos, muito mais que sua ausência. Ceres (ou Edgar Delano) não vai encontrar alguém com uma só face. Um mundo em que seja sempre dia. Ou noite. Depois vem uma nova percepção do tempo: a eternidade não é mais uma seta apontando para o infinito. A eternidade é um círculo. Não mais há o antes-de-Ceres, o depois-de-Ceres. Há o passado-presente-futuro de mãos dadas. Um grande círculo vazio.

Um tempo não-Ceres, um tempo não-Eu.

Fala-se de homens que desaparecem. Pais de família que saem para comprar cigarros e deixam para trás mulher e filhos e nunca mais retornam. Talvez Ceres tenha sido a primeira mulher a adotar o velho método de sair da vida de alguém, de modo abrupto. Indo embora, talvez Ceres pretendesse o efeito de uma rainha que se atira da torre. Por quê? pergunta-se (quando nenhuma grande questão da existência se deixa responder). Ceres estava indo embora talvez porque descobrira que não é impossível pôr ordem numa pessoa.

"Seu marido faz mesmo o quê?" Era como se sua partida estivesse coroando um sentimento de inadequação pela troca de papéis; o homem em casa, a mulher na rua – mesmo prescindindo do seu dinheiro, porque sim, eu concordava com as ganâncias do editor, ia fazendo as alterações tolas nos livros a fim de que as edições anteriores se tornassem obsoletas, eu estava na base da derrubada das florestas, da imunda indústria do papel matando os rios, o oxigênio, e mesmo assim minha culpa não passava de uma folha levada pela correnteza, à margem do processo.

Talvez Ceres pensasse em ser mais feliz na companhia de um homem menos gentil, na verdade um homem rude que a escorraçasse, lhe exigisse panelas mais brilhantes, massas mais perfeitas, um homem que lhe impusesse a escura e palpável sensação do peso. As arestas disso, ao que parecia, findaram por desalojá-la.

Paro à beira desse nenhum-tempo-futuro como quem pára à beira de um precipício. De isto: uma ponte interrompida sem nenhum aviso.

De isto: a impossibilidade.

Restaram apenas Tempo e Silêncio – e nesse meio a alquimia de alguns sentimentos, crescendo como os ramos mais compridos de uma planta.

A justa medida de todas as coisas

Todo o Zen-budismo fala sobre o que não pode ser descrito, apenas experimentado (viver seria basicamente assim? a arte de experimentar, um constante assimilar-transcender experiências?). No prefácio do livro do mestre Zen japonês D. T. Suzuki, Jung cita dois exemplos que falam do que é a suprema percepção para o Zen:

"Kaiten Nukariya, professor do Colégio Budista de Tóquio, diz, ao falar da iluminação: 'Uma vez libertados da falsa concepção do ser, temos em seguida de acordar a nossa mais íntima e pura sabedoria divina, chamada pelos mestres de Zen, a mente do Buddha ou Bodhi (a percepção pela qual o homem experimenta a iluminação). É a luz divina, o céu interno, a chave de todos os tesouros da mente, o ponto focal do pensamento e da consciência, a origem da potência e da força, o assento da bondade, da justiça, da simpatia e da medida de todas as coisas. Quando esta percepção interna é plenamente despertada, estamos aptos a compreender que cada um de nós é idêntico em espírito, em ser e em natureza à vida universal ou Buddha.

Que cada um de nós vive face a face com Buddha, que cada um de nós recebe a transbordante misericórdia do Santo Ser (Buddha), que Ele eleva nossa força moral, abre nossos olhos espirituais, desvenda nossos poderes, comunica-se conosco, e que a vida não é um mar de nascimentos, doenças, velhice e morte, nem um vale de lágrimas, e sim um santo templo de Buddha, a Terra Pura (Sukkavati, a terra bendita), onde podemos gozar a bem-aventurança do Nirvana. Então o nosso espírito é totalmente transformado. Já não nos atormentam a cólera e o ódio, não somos mais feridos pela inveja e pela ambição, nem mais torturados pelas penas e pelas dúvidas'".

Jung também cita este outro exemplo:

"Um monge, certa vez, foi até Gensha para aprender onde era a entrada do caminho que conduz à verdade. Genhsa perguntou-lhe: 'Estais ouvindo o murmúrio do regato?' 'Sim, estou ouvindo', respondeu o monge. 'Lá está a entrada', instruiu-lhe o Mestre'". (Introdução ao Zen-budismo, editora Pensamento, São Paulo, 1982.)

Das duas exposições sobre a percepção segundo o Zen, Jung prefere a segunda – que explica menos, mas ilustra mais.

O Ciclista

Ser ciclista talvez seja parte do desejo inconsciente de se mover por se viver numa cidade sem mar. Sem a perspectiva do infinito que o oceano abre, ser ciclista é um tipo de saída. Um modo de ganhar um horizonte. De não enlouquecer, já que a maior concentração de loucos, sabe-se, é sempre encontrada nas cidades afastadas da costa. De sentir-se livre de um lugar cujos dias quentes são quase enlouquecedores.

Olho a juventude ainda tenra do Ciclista e minha própria idade, então percebo que ter 33 anos é bom. Tem-se ainda bastante viço e já um pouco de intimismo, de vida íntima amena devido à memória não tão carregada. Ele diz: Às vezes te vejo correndo no parque, de noite.

Correr de noite me ajuda a pegar no sono, mais tarde. Depois, de dia faz muito calor.

Se faz! – concorda.

***

Trata-se de um lugar sórdido – não há outro adjetivo. Onde moradores se empenham em rebuscar a vida alheia e cavar algo sujo. (Ceres costumava dizer que eu não tinha o direito de falar assim desta cidade, "aqui não se vê gente buscando o almoço no lixo, como na capital".) Trata-se de uma cidade chata, atrasada e poeirenta, um fundo de vale com o ranço de cova. Um lugar sórdido, cujos habitantes não têm cultura sequer para o cinema – que fechou em três meses. Um lugar onde não há livros. Mas nesta cidade sem importância, a apenas 53 quilômetros da capital – esta cidade que poderia ficar em algum lugar perdido entre São Paulo e Itapetininga, Quebec e Vancouver, Nova Iorque e Los Angeles, Recife e Petrolina ou Paris e Marselha; nesta cidade que apenas preenche o espaço entre dois lugares destacados nos mapas, há um parque imenso que a desmente e quase a salva. A amplitude do parque é bela. E tudo que é belo guarda em si um espaço meditativo. Trata-se de um parque grande até mesmo para uma cidade de porte médio (obra de algum prefeito megalômano). Nesta cidade a meio caminho da aldeia e do nada, as árvores do parque balançam, num prenúncio de primavera (mesmo nos dias de mormaço). O parque é seu melhor lugar. O Ciclista diz que nem na capital há um lugar melhor para treino. De fato, a ciclovia do parque é invejável.

Rimos dessa estranhice e por um momento vamos encontrando coisas que, de tão inesperadas, parecem bizarras. Como uma estátua do anjo Gabriel, fundida na França do século XIX e trazida para esta cidade (única sobrevivente do navio que pegou fogo, pouco antes de atracar no cais da capital). Um anjo prestes a tocar sua trombeta para anunciar o dia do Juízo Final; que certamente começará por aqui. O Ciclista diz que às vezes me vê tirando fotos. É um hobby antigo, eu digo. Às vezes, logo no início do dia ou no fim da tarde, quando a luz está mais apropriada, saio num passeio meio improvisado, sem destino certo, e fotografo. É interessante como os olhos nunca conseguem ver a inteireza de um objeto (como a estátua do Anjo Gabriel) ou como o mundo dança e se modifica. Até mesmo aqui, nesta cidade que parece monótona.

É que eu passo muito tempo dentro de casa, explico.

(Desde o dia em que Ceres foi embora – na verdade após eu telefonar para seu trabalho e descobrir que ela estava bem; "no momento ela está ocupada, senhor", disse a voz feminina, "o senhor quer deixar recado?") –, corro no parque. Depois que Ceres se foi passei a dar voltas e voltas pelo parque – suficientes para cobrir meio mundo. Corro porque me falta predisposição para o cigarro. Segundo meu pai, o cigarro era uma eficiente maneira inventada pelos homens para prender o choro. E caminhar apressado nunca bastou. Era preciso correr até que o corpo começasse a alardear um desconforto (o sofrimento purgando a dor?), parando apenas quando o baço começava a doer, os pulmões, a queimar. Uma corrida desesperada, quem sabe para compensar o torpor que me tomou: nem raiva nem angústia, apenas uma falta total de sentimento, um espaço branco e vazio como a insônia e, depois, a dor. (Uma dor contínua, maciça, latejante; mesmo nos poucos momentos de esquecimento; no meio da noite – na forma de insônia; por trás das portas, dentro dos armários, escondida no fundo das gavetas ou exposta nos verdes das paredes – a dor na forma de deformados fantasmas.)

Como uma senha, sua mania neurótica de pôr ordem em tudo deveria ter me dito algo.

"Me desculpe, Edgar".

Precisava? Como, se de alguma forma sempre ficou patente que fugir era da natureza de Ceres? não havia motivos para o estupor, para a grande fraqueza que sugava as forças das pernas, dos braços, como um pavoroso vampiro. Não havia lugar para as constatações. Compreender a verdade banal. Ser abraçado com amor era tão necessário à saúde quanto tomar as refeições ou respirar. Não havia lugar para o furor adolescente do sangue correndo depressa para encher o corpo cavernoso do pênis e num segundo eu me vejo juntando as almofadas de cetim de Ceres e tentando matar a sede até que um jorro de esperma sai de mim num desespero, junto com duas lágrimas. Agora e para sempre suas almofadas ficarão maculadas.

É com um absurdo próprio aos adolescentes que me vejo. Mas é que no rastro de quem parte não brotam flores. Brotam papéis: conta telefônica, extratos bancários, extratos de cartões de crédito, catálogos de editoras. Seu nome seu nome seu nome. As coisas comezinhas ligadas à minha passagem pela Terra também têm sua marca. Seu nome.

Como esquecer, quando o carteiro faz questão de nos lembrar? Porque, nesse caso, o carteiro não trazia cartas e sim a morte-lembrança. A morte e seus vassalos – a morte a qual prestava atenção apenas de tempos em tempos, nos enterros descendo a ladeira da rua, nas enchentes na Índia, nos jornais matinais – a morte passa a habitar a casa. De modo contínuo.

Como uma doença incurável.

* * *

Correr não bastava, era preciso tentar iludir a memória, olhando os transeuntes – como o Ciclista. Pelo menos uma vez por semana, ei-lo passando: cabelo cortado rente, óculos laranja, a malha negra (da cor dos cabelos) ou verde-água. Por que o olho exercitando seu modo seletivo (um longo aprendizado de eras) escolhe este ou aquele objeto? E cada vez mais é preciso sair pelas ruas, bem cedo, à cata de novos ângulos, à espera de que uma cena se repita. Desde que Ceres foi embora (desde que inconscientemente em mim se instalou uma espera por Ceres se mover de si mesma) tenho ido ao parque em três momentos do dia: de manhã bem cedo e no fim da tarde, para fotografar, como se procurasse numa teia de aranha que retém gotas d'água ou na textura de uma casca de árvore as janelas para um outro mundo, mosaicos para compor o painel da mais bela das cidades; depois vou ao parque a partir das 21 horas, para correr. Como quem segue uma religião. Após as 22 horas volto para casa. "Um sujeito tranqüilo", dirão. Mas e essa mão retirando a chave do bolso, ainda tão longe da porta, haverá outro gesto a denunciar maior ansiedade do que esse?

Sua ausência fazendo cair minha máscara de serenidade. Ao me olhar no espelho, enquanto me dispo para o banho, vejo um homem que não quer ser visto. Ou se enxergar. Ou homem que lamenta não poder despir-se de si mesmo, de sua sina, de sua vida, das manhãs assinalando que viver também é enfiar as mãos na água fria numa manhã fria, a fim de livrar da gordura os pratos do jantar da noite anterior. Que viver é continuar e perceber que a falta, esse animal que nos agoniza, ainda respira. Antigo, pré-histórico, mas ainda respira.

* * *

O Ciclista me pergunta por que eu o fotografei, ontem pela manhã.

Lá fora o tecido da tarde tinge-se de cinza-chumbo. Ainda chove.

Lá fora alguém (o Sr. X?) apazigua um cão.

A justa medida de todas as coisas

Toda a Doutrina de Buddha pode ser sintetizada em poucas palavras. A *Doutrina do Dharma* tem como princípio *As Quatro Verdades Nobres*, que conduzem ao caminho do Nirvana:

O sofrimento existe;

O sofrimento provém do apego;

O Sofrimento pode cessar:

Pelo caminho óctuplo chega-se à eliminação do sofrimento.

Salva-se aquele que submete seus desejos egoístas ao Sagrado Caminho. Os oito passos do caminho óctuplo são constituídos por:

A compreensão correta;

O propósito correto;

A palavra correta;

A conduta correta;

Os corretos meios de subsistência;

O esforço correto;

A atenção correta;

A meditação.

Seguir o Caminho significa ser benévolo com tudo aquilo que vive, livrar-se da maledicência, da inveja e da ira; pensar na lei de Causa e Efeito e dominar os sentimentos; pronunciar apenas palavras francas e sinceras; pautar-se pelo amor em toda conduta. Se assim proceder, aquele que trilha o Caminho se assemelhará ao suave sopro da brisa.

"Bem-aventurado quem compreende o Dharma. Bem-aventurado quem não prejudica os demais seres humanos. Bem-aventurado quem venceu o pecado e está livre das paixões. Goza de completa felicidade quem vence o egoísmo e a vaidade, porque já é perfeito", diz o Senhor Buddha.

A senda perfeita sintetizada em uma página. Mas que dificilmente cabe em uma só vida.

Isso Caio não compreendia.

Caio

Pega um livro ao acaso. *Civilizações Perdidas*, lê.

Deveria ser "Civilizações Desaparecidas", Civilização Perdida é esta nossa!, ele diz. E ri, um riso cansado, é verdade, porque Caio sempre estava cansado. Um cansaço que não vinha do suor. Um tipo de cansaço triste, de quem correu mas acabou perdendo o trem.

Mesmo assim, às vezes dava a impressão de que a vida sempre tivesse sido fácil, um deus sorrindo, ele na platéia, rindo junto da grande piada que era viver.

Abro uma outra garrafa do vinho vulgar que é produzido nas cercanias desta cidade (que Ceres insistia em comprar talvez para contrapô-las a meia dúzia de bons vinhos reservados para-as-ocasiões-especiais).

Eu digo: É, cometeram um erro com este título, deveria ser *Civilizações Desaparecidas*. Você tem razão.

Era verdade. Caio às vezes acertava, o velho tiro por um triz certeiro dos tolos.

Faz muito tempo que não vejo a luz de dentro de casa. A rua enquadrada por uma janela. Ei, onde você esconde o uísque?

Não havia uísque de nenhuma marca. Não depois que nosso pai morreu mas deixando para sempre o cheiro de uísque e vômito, principalmente no fim da doença. Então Caio saiu para "um trago". Sempre a mesma coisa. Do "último trago", Caio regressou depois de cinco meses. Onde você enfia os cigarros? Ele esquece que não há cigarros em casa. Ceres detesta cheiro de cigarro. "Não nasci pra beijar cinzeiro", dizia.

Ei, olhe isso aqui! Você não tem um casaco. Você precisa comprar um casaco, Edgar, deixa que eu lhe dou um. Sou friorento mas vou assim mesmo.

Você já é bonito, Caio. A roupa não vai fazer a menor diferença. Depois, qualquer coisa minha acaba não cabendo em estreito em você. Não adiantaria nada eu ter uma dúzia de casacos.

Então ia embora. Não sem antes me subtrair alguma coisa. Um livro, um disco, uma camiseta. Uma noite de sono. E, em certo momento, mais e mais. (Demorei a perceber que a sede de Caio era imensa. Buscava Deus como quem busca morfina – como se apenas o Ilimitado, o Absoluto, fosse capaz de conter as comportas avassaladoras do que sentia.)

No dia 9 de agosto daquele ano recebo um cartão de Caio: numa foto em sépia, dois velhinhos conversam num banco da praça de uma cidade pequena, provavelmente interior da Itália, no verso do cartão um único rabisco dele: *saudades*.

No mesmo dia envio para o endereço no envelope uma de minhas fotos, o anjo de bronze da praça central da cidade tocando a trombeta que anunciará o fim do mundo, junto com uma frase que me vem à memória, cuja autoria não recordo: *a felicidade é por um triz*.

Mas isso ele já sabia.

* * *

Foi numa noite, meses antes de Ceres resolver ir embora, anos depois de Ceres se mudar para minha vida. Aconteceu uma coisa estranha. Lá pela madrugada, ao descer para verificar se tudo estava em ordem, como a porta devidamente trancada, eu notei que Caio não estava inteiramente deitado no sofá.

Uma ilusão de ótica provocada pela luz da rua mostrava que Caio levitava. O lençol e o cobertor estavam caídos, como sempre. Caio dormia sobre o braço esquerdo, sobre o coração, por mais que eu o avisasse que aquilo não era saudável. Só que dessa vez não havia qualquer pressão: Caio flutuava, a menos de um palmo, mas flutuava. Sentei-me no tapete como uma criança descrente e fiquei frente a frente com o fenômeno. Caio flutuava, a poucos centímetros do couro branco-sintético do sofá. Encolhido como um cão vadio, suas pernas sempre grandes demais, parecendo sobrar.

Por mais que eu permanecesse observando e descrendo. Fui até a cozinha e tomei um copo d'água. Abri a torneira e molhei as mãos, por falta do que fazer. Mirei a água escorrer pelo ralo. Não havia nada de errado com minha percepção. Não contei a Ceres. Mas meu silêncio ficou dando voltas ao meu redor e isso podia ser notado. Em seis anos de convivência já havíamos desenvolvido milhares de linguagens diferentes. O corpo, os gestos, as diversas entonações de que a voz é capaz iam compondo o repertório de linguagens. A mentira ainda não se insinuara naqueles tipos de linguagens (vivíamos o Éden antes da Serpente). A palavra não era necessária. E não se mente com o corpo. Portanto, Ceres deve ter lido em meu corpo que algo em Caio me perturbara. Algo que não sabia como lhe contar.

Durante o resto daquela noite aparentemente comum, o sono não veio. Se quiser desejar um mal a alguém, dizia Ceres, deseje-lhe uma insônia. Eu completava: ou uma paixão. Ceres ria: "tem razão, a insônia pode-se resolver com um comprimido". Eu estava apaixonado por uma idéia estranha. A beleza da ilusão de ótica que fizera o corpo de Caio vencer a lei da gravidade. (Porque tinha que ser ilusão de ótica.)

A irracionalidade que perturbava o equilíbrio do Universo. Como se a partir dali qualquer coisa pudesse acontecer. Como aconteceram. Dias mais tarde, por exemplo, Ceres chegou em casa pela metade. Seus membros, seus olhos, estavam ali à minha frente, mas algo, algo vital, faltava. (Na época eu não sabia que mais cedo ou mais tarde isso acaba acontecendo: um dia você olha para o outro e nota que algo está errado, faltoso.) Tempos depois, tudo se esclareceu: naquele início de noite, quando voltava do trabalho, Ceres trouxera consigo o desejo de desaparecer, ir embora sem deixar vestígios (a decisão já amadurecida?) exceto um silêncio maior do que qualquer arruaça, ameaça. Um silêncio maior que tudo. E me perguntei se aquilo (a mente e suas associações estranhas!) tinha a ver com o fato de Caio levitar, se ela não tinha presenciado o fenômeno, e isso não tivesse produzido uma espécie de medo — esse combustível para a fuga. Ceres chegando em casa pela metade (começava um caso com alguém?) não era algo que fizesse sentido. De fato era algo tão sem sentido quanto uma pessoa vencer a lei da gravidade.

* * *

Duas semanas antes de ir embora Ceres passou a usar uma maquiagem pesada, dessas que apagam o humano no rosto de uma pessoa. Foi uma espécie de aviso. Mesmo assim, o silêncio que se seguiu a sua ausência se espalhou pela casa, devagar e constante como um câncer, e faz seu estrago. Era um silêncio que me dava náuseas e me fazia, às vezes, vomitar o café da manhã. Era um silêncio que vibrava numa oitava acima daquilo que eu podia suportar. Era um silêncio concreto que me expulsava, me fazia começar a correr pelo parque, como o único antídoto contra a loucura. A partir daquele dia começo a correr como um desesperado — o corpo alardeando ausências, dor, o corpo e suas mutiladas razões — até os pulmões ameaçarem explodir. Uma saída não comentada por Buddha, mas eficaz.

O corpo se negando a morrer antes do fim de sua história.

* * *

Ceres foi embora. Em que ponto da trajetória inventamos esse futuro? Que instante, onde o início de tudo? onde o início daquilo que resultou num gosto de cobre deixado por sua falta? Não havia respostas. Apenas conjecturas. A cidade, talvez. Quem sabe isso. (A existência de um outro homem eu não me permitia considerar.) Uma cidade tem humores, tem cheiros, envelhece e nos faz envelhecer. E fica hostil, às vezes. Nos hostiliza. Talvez Ceres tivesse enfim se cansado de escapar da cidade grande todas as noites, após o expediente no trabalho. Talvez a cidade grande tenha se estendido para além do que ela podia atravessar.

A cidade grande roubara-a de mim.

Conjecturas. Até dúvidas: teria mesmo partido? Como se não fosse verdade (mesmo quando me devolveu as chaves, pelo correio, com o bilhete: "Por favor, me perdoe. Telefono quando for pegar minhas coisas" – a flagrante frialdade do bilhete tanto podia revelar uma mulher insegura em sua decisão, o medo de trair-se caso se derramasse em palavras, como também podia ser justamente o oposto). Só havia um eu mesmo esvaziado (em meio à sala também esvaziada por sua ausência), sem um único pensamento útil na cabeça.

A paixão do início ainda não havia se transformado num amor maduro, sereno, como sempre acontece. Paixões antigas podem ser coisas perigosas? Ainda nos rondava o perigo. A paixão nos tira uma certa intimidade. Olhei para o vácuo que ela deixara e me vi roubado. (Uma outra Ceres se materializava a partir do silêncio de sua ausência – como uma imagem fotográfica de repente surge no mundo, revelada pelo processo químico.) A paixão, o desejo, não são apenas dádivas, impulsos, fôlego para um rumo, motivações. A paixão também nos rouba algo, nos tira uma proximidade que só é possível aos amigos e nunca aos amantes. Amantes são seres sem pele, nos quais a menor falta de jeito pode e faz doer. O apego.

Sempre o apego.

A justa medida de
todas as coisas

Segundos as modernas teorias psicanalíticas sobre apego e perda, um período de pelo menos um ano faz-se necessário para que se possa elaborar o abandono. E não há como viver apartado dessas experiências quando a própria vida é um constante podar. Ao longo dos anos, vários filósofos têm se ocupado da questão. Com Heidegger, um dos pilares da filosofia ocidental do século XX, não foi diferente.

"O tema *compromisso* é fundamental, pelas suas implicações e conseqüências, nas filosofias existencialistas. O homem, no dizer de Heidegger, não é um receptáculo, isto é, uma passividade recolhendo dados do mundo, mas um estar-no-mundo, não no sentido espacial e físico de estar em, mas no sentido de presença aditiva, de estar em relação fundadora, constitutiva, com o mundo." (Vitor Manuel de Aguiar e Silva, Teoria da Literatura, editora Martins Fontes, 1976)

O postulado budista do desapego nos parece tão necessário quanto inacessível.

Caio

Algumas pessoas têm o dom de se abrigarem do que acontece ao redor, de se absterem de certas sensações, quem sabe até de si mesmas. Algumas pessoas são hábeis na arte de bem ajustar as máscaras. Usam-nas tão bem-ajustadas (como se disso dependessem seus empregos, as pessoas que levam para a cama, suas vidas). Caio, não.

* * *

Caio aparecia para colocar o sono em dia. Mesmo quando se espichava, como um gato (a malha negra e justa ajudando a compor o grande gato preto) para o aparelho de som, e punha um disco (sempre sacava um CD da mochila de couro) de música instrumental ou algum cantor marroquino desconhecido. *Escuta isso.* Ele próprio não escutava, pois já estava começando seu meio sono no tapete. *A maior invenção é a tecla* replay *do controle remoto, não é?*

Eu discordava. O árabe entoado pelo cantor marroquino indo e vindo, indo e vindo, hipnótico, nauseante.

Contava como estava irritado com a demora com o livro prometido por um amigo, um livro de fotografias. Nus.

São fotos pornográficas? pergunto.

Não, apenas um nu. De qualquer forma, hoje em dia quase nada mais é pornográfico. Mas como não deixa de ser livro, você há de gostar. Você gosta mais de livros que de gente.

Não, não é verdade.

Você poderia foder com eles.

Isso de posar para nus não é meio decadente? Não está ligado a decadência em tua área?

"Em tua área", ele repete, desdenhoso; depois repete para si mesmo, de modo quase inaudível: Na minha área...

Penso nas mulheres cadavéricas, anêmicas, com jeito de 15 dias de cativeiro. Modelos. No mundo da moda, às vezes eu penso, a morte é a alma do negócio.

Li que há todo um bando de estupradores profissionais disfarçados de donos de agência de modelos, eu digo. Mas Caio não se afeta. Fica em frente à câmera e faz o que lhe pedem (esvaziando-se de si mesmo). Caio está na profissão certa. As mãos úmidas do maquiador, o mau humor do fotógrafo, a luz implacável do estúdio – nada o afeta. O mundo é uma bola, Caio costumava dizer, como se para me lembrar que tudo volta ao seu ponto de partida e que tudo está a meio caminho entre uma coisa e outra. Enquanto isso eu via o mundo como uma gigantesca máquina onde todos tinham seu lugar como parte da imensa engrenagem. Todos, eu penso, à exceção de Caio.

Escuta isso, ele diz. (O cantor árabe eleva a voz a um nível desagradável.)

É bonito, minto.

Você lê demais, ele diz, retomando o fio da conversa. Olha, mesmo que eu tivesse que dar pro fotógrafo valeria a pena. O dinheiro compensa. Depois, sexo é futebol, Edgar. É mais brincadeira do que qualquer outra coisa. Não é um jogo de xadrez. Não se preocupe comigo. Não pense tanto nisso. Enquanto Freud explica, a gente goza, meu velho.

Mas os gestos nervosos de coelho de Caio interrompem qualquer pensamento. Permaneço parado – como se diante de algo que cresce sem parar, como uma enchente.

* * *

Mais tarde deixa na porta da geladeira um recado-emaranhado, porém inteligível.

A vida não.

A justa medida de
todas as coisas

Ao analisar o signo (a imagem, o símbolo) e tudo o que ele representa, o inglês Terry Eagleton chega à seguinte conclusão: "(...) seria ilusão pensar que poderia estar plenamente presente ao leitor aquilo que digo ou escrevo, porque o uso dos signos sempre implica alguma dispersão das minhas significações, implica sua divisão, e o fato de que jamais serão idênticas a si mesmas em todas as ocasiões. Não só as minhas significações, na verdade, mas também *eu*: como sou feito de linguagem, não sendo esta apenas um instrumento cômodo que uso, toda a noção de que sou estável, de que sou uma entidade unificada, também deve ser fictícia. Não só jamais poderia estar totalmente presente ao leitor, como também jamais poderia estar totalmente presente para mim mesmo. Ainda preciso usar os signos quando examino minha mente ou minha alma, e isso significa que jamais sentirei uma 'comunhão plena' comigo mesmo".

(Terry Eagleton, Teoria da Literatura: uma introdução, editora Martins Fontes, São Paulo, 1997.)

O que Eagleton parece estar expondo, de modo preciso, se assemelha a um labirinto borgiano: não se pode chegar ao "fim da mente" através do pensamento, pois este só é possível através dos signos-palavras-conceitos, próprios do reino da mente. O Zen-budismo prega que a sabedoria não está nos livros, e Buddha dá como única saída a "não-mente": um estado de perfeição no qual nenhum signo (nem mesmo e principalmente a idéia de Deus), nenhuma palavra possa existir, apenas O Silêncio do Lago. Não é de admirar que uma das jóias da pregação de Buddha seja o Sermão da Flor: conta-se que, certa feita, Buddha aproximou-se e calmamente depositou uma flor no centro do círculo formado por seus discípulos. Não havia mais nada a ser dito.

O Ciclista

O Ciclista me pergunta se não é errado a pessoa tirar fotos dos outros, sem pedir permissão.

Esta é uma questão antiga e difícil, respondo. Acho que é certo desde que se preserve a dignidade daquilo que se fotografa.

Ele está analisando a foto que fui buscar. Uma foto sua que eu havia posto para descansar no varal junto com outras, pouco antes de ele tocar a campainha. Não é das melhores.

Olho para seu interesse por si mesmo (um Narciso moderno) e para a imagem da chuva (amainando) que atravessa a janela acima de sua cabeça. A composição é perfeita. Apesar de o Ciclista ser a última fronteira do país de Caio, o ápice da juventude os une.

Pode ficar com a foto, eu digo. E conto ao Ciclista que ia botar no forno uma pizza; a velha história do carboidrato antes do exercício. Acho que estou viciado em pizza e corrida, digo. Ele entende, me fala que costuma comer macarrão antes de uma competição. Então vamos até a cozinha e, depois de me acompanhar no lanche, insiste em lavar os pratos. É claro que é esquisito ver um estranho plantado em frente da pia com as mãos cheias de sabão, a torneira aberta. É a coisa mais sem jeito do mundo. Começo a rir de mim mesmo, da preocupação, dessa preocupação tola que desconhecidos costumam nos causar. Assassinos ou ladrões não lavam copos!

O que foi? Ele pergunta. E sorri. (Eu me suponho no lugar errado.) Sorrio de volta, sem bússola.

Nada, respondo.

Abro uma das garrafas de vinho de Ceres. (De que adianta agora guardar vinhos caros para ocasiões especiais?) Por um momento o calor da bebida me enche de esperança.

* * *

Pela primeira vez me dou conta do quanto parece inocente o provável amante do meu meio-irmão. E me pergunto se, quando aparecia de repente, Caio estava querendo rever a mim ou a esse homem. Mas esse homem pode ter atravessado um limite, uma fronteira em Caio. O que habita o coração já atravessou o reino do corpo. O sexo não é nada. O que habita o coração permanece.

O sexo finda.

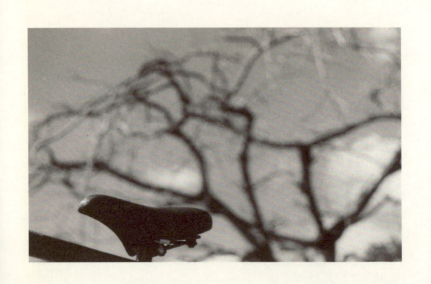

Caio

Era mais uma daquelas manhãs quando o sol, já alto, nos encontrava na cozinha. Digo a Caio que não há geléia, mas tem mel.

Odeio mel, você sabe disso.

Ele me lembra de quando nosso pai arrastava uma cadeira até o centro da cozinha e o colocava no colo, lambuzava o dedo de mel e punha em sua boca.

Nesta mesma cozinha, antes da tua reforma, o pai...

(Conheço a maldita história. Vou buscar um modo de interrompê-la.)

A memória, Caio, não é confiável. O filósofo francês Edgar Morin conta que, caminhando por Paris, viu um carro avançar o sinal e atropelar um motociclista; ao testemunhar, ele contou como a moto foi atingida ao passar pelo sinal verde. Só que não foi bem assim. A moto é que tinha avançado o sinal, não o carro, o próprio motociclista confirmou. Ele foi solidário com o pequeno, que defendeu contra o grande. Ao que parece, às vezes há um "componente alucinatório da percepção", como diz Morin; há pesquisa que...

Você sabe que não era só isso! Você era mais velho. Você *tinha* que saber. Tinha que ter uma idéia do que ele fazia.

Depois me dá um sorriso tão triste quanto a mágoa. Uma parte do seu rosto se deforma numa cólera repentina. O médico e o monstro. E seu monstro me dá medo. Algo escuro, algo não esclarecido, nos transforma em Caim e Abel. O desespero que Caio carrega sob a pele me dá a real medida de minha obrigação para com ele.

Paramos à beira do abismo. Por um momento somos a soma de nossa incapacidade para lidar com a escuridão. Eu, Edgar-Caim, não agüento a tensão e quero pular. O estômago dói enquanto ponho água para ferver. Retiro do armário café, chá, açúcar. Despejo na lata um pacote de biscoitos. Os pequenos ruídos, as pequenas reverberações desses gestos, emolduram nosso silêncio. Mas nenhum ato me salva.

Meus dedos penetram a cabeleira escura de Caio e se firmam na nuca, apenas por um segundo. Não é muito; na realidade, não é nada. Gentilezas nunca terão a importância daquilo que deixou de ser feito. Os pensamentos começam sua cantilena — *você era grande o suficiente para entender, mas pequeno demais para impedir.* Também há a parte de mim que reluta, a que não consegue acreditar talvez por só se lembrar de nosso pai como um velho inválido, na fase final da doença, morrendo de câncer nos ossos. O que em mim ficou do nosso pai foi a lembrança do cheiro da doença nos lençóis. Não consigo me lembrar de nosso pai como o próprio Cronos, deus-tempo devorador dos próprios filhos. Nesse momento eu sei que sua cabeça não passa de um carrossel desparafusado dando voltas e voltas.

Lamento, Caio. Mas não consigo. Não consigo. Que Deus me perdoe. Eu não consigo me lembrar de nada.

Sinto uma coisa calada e horrível começar a se mover dentro de nós, devagar e lento como um animal pré-histórico. Tomamos nosso café em silêncio, como dois sobreviventes. Quando terminamos, olhamos um para o outro como náufragos.

Depois ele fica em pé, contra a luz, olhando pela janela acima da bancada da pia. Eu recolho o meu pensamento mais espesso. Quero dizer *Desculpe* (essa palavra às vezes idiota), mas não consigo acreditar. Sua voz contorna o zumbido do freezer e entra direto pelos meus ouvidos:

Tudo bem. Você me dá sua paciência e um pouco de confiança, Edgar. Às vezes isso é tudo o que uma pessoa necessita, acredite. *Tu sei una fortuna, ragazzo.*

Ele suspira.

Suspiro.

Então fingimos um bem-estar. Mas sua generosidade não me salva.

Tenho que parar de vir aqui.

Por quê? esta casa é tão minha quanto sua.

Deixe, Edgar. Não é nada disso. Não é uma questão de herança, desse tipo de direito... Às vezes eu gostaria de ser uma outra pessoa. Às vezes você não gostaria de ser uma outra pessoa? Uma vida diferente, em que tudo fosse mais simples, na qual pelo menos se pudesse abraçar a quem se quer. Você não olha para aqueles postais dos Alpes ou da Patagônia, onde se vê uma casinha perdida entre as montanhas, com chaminé, cercada de verde e tudo e não pensa puxa, é isso!?

A justa medida de
todas as coisas

Jung escreveu: "O que não é trazido à consciência nos vem como destino". Então, se formos capazes de intuir algo como um acidente, uma perda, se formos capazes de prever uma tempestade, a saída de alguém de nossas vidas, estaremos fazendo com que nada disso ocorra? Em resumo, tudo seria uma questão de percepção?

Segundo Buddha, a dor é uma percepção, não uma realidade. Segundo Buddha, nem mesmo a morte é real.

Tudo parece sólido, mas não é.

Segunda parte
As alturas da Terra

Alguns não conseguem morrer.
Lygia Fagundes Telles, *Verão no aquário*

O Ciclista

O Ciclista diz que me viu certa vez na estação.

É verdade, admito.

Diz que achou estranho porque eu não tenho cara de quem anda por lá.

Eu digo que o lugar me interessa, que o prédio respira história, que é interessante sentir o silêncio e imaginar como o lugar era cheio de vida, quando funcionava, no início do século XX. Digo que fiz umas fotos da estação.

Há estética no abandono, eu digo.

Ele ri: um lugar tão feio!

Sinto que não sei exatamente o que é, mas algo nele me faz sentir-me cansado, como quem perde os poderes.

Escolho o caminho mais longo até o parque devido à estação de trem. No meio do mato, no meio de armazéns esquecidos, o abandono cresce junto com o lixo. Com o tempo, de um modo inconsciente, compreendi o gosto dos pombos pelas estações de trens. Principalmente, estações de trens abandonadas. A de nossa cidade não é um lugar bonito – já foi, antes, bem antes do mato, das pichações grotescas, das manchas de mijo nos muros. O telhado recortado, em estilo neoclássico, serve de lar para as dezenas de pombos. O silêncio da estação abandonada, talvez seja isso. O Ciclista me conta que a estação não passa de um lugar onde certos homens desta cidade se drogam e se prostituem. Penso no quanto é estranho sua história, por não saber como conjugar sexo e drogas com a quase aldeia que é esta cidade.

De onde você conhece Caio? pergunto, uma pergunta tola, cuja resposta já sei. Algo que Caio me responderia com um "da rua, não importa". O Ciclista me olha com um silêncio que é pura atenção. Um silêncio que escuta. Uma criança no tempo-cerne da curiosidade.

Da estação, ele diz. Você não se parece com ele, diz o Ciclista.

Não, não pareço. Somos irmãos por parte de pai. Ele veio morar conosco quando tinha uns dois anos.

Ah.

(Esse instinto de enfiar o membro em quase tudo que se move os animais não têm. E não se sabe de onde os homens tiram isso. Mesmo assim me é difícil imaginar Caio fazendo sexo com esse homem. Mesmo quando sei que, por mais imaginação que eu tenha, não posso concorrer com a testosterona e com os resultados que ela produz. Com o fato de o sexo ocorrer na parte mais primitiva do cérebro, o sistema límbico; uma coisa visceral como a fome e a sede. A uma mulher provavelmente eu ofereceria sorrisos e uma bebida, enquanto comentaríamos coisas pitorescas. Certas particularidades do meu irmão. Talvez pusesse um disco (às notas tranqüilas do concerto para violino opus alguma coisa de Bach ou Billie Holiday cantando *Georgia on my mind*?) A uma mulher não seria necessário chover a fim de que eu ficasse à vontade com a presença de alguém desconhecido.)

O Ciclista me pergunta se sei quando Caio volta. Não respondo. Na verdade, eu me retiro da sala. Vou ao banheiro. Meu rosto refletido parece ter saído de um filme de baixo orçamento. Um eu mesmo enfumaçado me olha. Urino, depois me arrasto até a sala.

A uma mulher talvez eu não dissesse, de modo seco:
– Caio está morto. Vai fazer um ano este mês.

Nos sonhos de Caio havia um lobo mostrando os dentes, ameaçador; o sonho variava um pouco, mas sempre o mesmo lobo. Um lobo, agora sei, que não passava de símbolo de uma agressividade adolescente; uma agressividade que Caio mantinha enrustida e que, por fim, acabou por fazê-lo despencar pela rua Augusta, no meio da madrugada, a tantos quilômetros por hora. É incrível como certas portas – diria Caio –, certos aclaramentos, certos satoris, certas iluminações, certos *insights*, nos chegam quando já não são necessários.

Minha memória localiza a rua. Desce como uma visão de satélite e encontra a via de cor cinza, a rua-artéria do coração da maior cidade da América Latina. Rua Augusta. São Paulo. Brasil. Uma rua enladeirada, comprida e feia. O que Caio estaria fazendo numa rua dessas eu nunca vou saber. Digo ao Ciclista que Caio chegou a São Paulo, alugou uma moto e, na madrugada de uma sexta-feira, estava descendo a Augusta, quando um acidente lhe interrompeu a vida. Um dos olhos do Ciclista fica úmido. Quase não dá para perceber. Assassinos, quando choram, costumam chorar apenas por um olho – ecos de uma vida interior fragmentada. Pelas lágrimas que não caem, que se afogam em si mesmas, o choro branco do Ciclista é a coisa mais terna que já vi. Um pensamento estranho, esse. Eu sinto que quando se trabalha com fotografia a visão aos poucos busca novos enquadramentos; ao que parece, até no que concerne às idéias. Sinto que por dentro um choro começa como se na boca do Ciclista morasse-estivesse o último fragmento da ausência de Caio – um fragmento que completa em mim o seu nome. De pé, estendo a mão até o ombro do rapaz. Olho o Ciclista e não digo nada. Quero encontrar as palavras para as minhas sensações – e descubro que algumas sensações não têm palavras. A uma mulher talvez abraçasse, ou saísse em busca de um café, ou oferecesse algo. Penso em lhe oferecer cigarros de um maço esquecido por meu irmão e me detenho no mórbido da coisa. (Um bom Ciclista profissional nunca fuma – mesmo assim.) Do amor como o entendemos Caio conhecia pouca coisa. Mas conhecia a compaixão. Se alguém (quem quer que fosse) lhe requisitasse companhia, de pronto ele o atenderia. Com o corpo. Porque Caio só conhecia o corpo. Que em Caio sempre foi tudo. O corpo. Seu grande território. Caio seria mais compassivo: Caio nunca se esquivou de um abraço (alguém que nega um abraço é o mais miserável dos seres, alguém que nega um abraço não pode ser compassivo, quem nega um abraço está com tanto medo que sequer está vivo). Caio abraçaria a qualquer um – homem, mulher ou coisa; Caio, que habitava o corpo de modo autêntico e feliz – Caio seria mais compassivo. Buddha lhe sorria em cumprimento.

Causa-me estranheza e asco o fato de perceber que por este homem tão próximo a Caio – portanto, de algum modo, de mim – eu não saiba demonstrar compaixão (porque a compaixão só pode existir quando materializada). Apesar de a covardia não me permitir grandes gestos, assim mesmo me apego à figura do Ciclista como se ele fosse uma conexão para o meu irmão – uma última conexão, uma última oportunidade de ter Caio de volta, pelo menos em parte. Sua simples presença já mudou para sempre a natureza da casa. (Esta casa que nos últimos meses só tem visto partidas. Algumas, para sempre.) Mas não pára aí. Há vigor em sua mão quando aperta a minha e há uma espécie de eletricidade que me cansa as pernas e me faz sentar ao seu lado. (Nos demoramos assim um tempo que parece infinito a ponto de o pânico me vir ao estômago.) Há o pleno domínio de si mesmo e do momento quando ele me faz abraçá-lo; há naturalidade no úmido de sua boca ao roçar meu pescoço, (mesmo que meu coração murmure e reclame e dispare), há um viço, um bater selvagem, um rumor de rio que sai do corpo dele enquanto se apossa do meu corpo – até que a corrente muda de direção e o espanto me abandona, passo a sugar o Caio que há em seu corpo, com a avidez desespero e dor de eras, eu me perco, me estilhaço, por um momento deixo de ser homem ou coisa e passo a ser apenas aquilo que descobre a própria fome, o próprio limite. Quero penetrar o jovem corpo do Ciclista, quero o Caio que há nele. Quero absorver o corpo do Ciclista. Quero beber sua essência. Então eu choro. Como nunca chorei antes. Soluço. Chego a morder, a babar seu ombro. Pela primeira vez em um ano algo em mim passa a admitir que Caio está morto. Caio está morto e eu quero meu irmão de volta. Quero meu irmão de volta.

Edgar

Só como quem está perdido. Só como quem é diferente. Só como um estrangeiro em terra estranha. Só como quem fala a verdade. Só como quem perdeu a esperança. Só como quem é gente. Só como a dor de um bicho. Só como quem nunca leu um livro. Só como quem abortou no último mês de gestação. Só como quem é ateu. Só como quem perdeu a matrícula, o trem, a última chance de emprego, o rumo da história. Só como quem bebe cachaça enquanto o dia nasce. Só como quem tem um século de idade. Só como quem nunca viajará mais que uma milha. Só como quem não sabe ler. Só como quem nunca será amado. Só como quem afunda. Só como quem tem um milhão no banco e nenhuma esperança. Só como quem cai nas mãos do inimigo. Só como quem tem remorso. Só como quem é furtado. Só como quem tem a casa incendiada. Só como quem tem frio. Só como quem beija a lona. Só como quem fumou o último cigarro. Só como quem perdeu a mulher. Só como quem perde o único irmão. Só como uma página em branco.

Caio

A notícia chegou no meio da noite, como ele costumava chegar. E diante dela fiquei sentindo a substância amarga do que é diferente e chega de súbito. Um medo novo, desconhecido, batendo como um coração frio, uma eletricidade fria passa a ser bombardeada até congelar as artérias. Na agenda do seu telefone celular encontraram meu número, embaixo da palavra *casa*.

    O corpo tentando se preparar para o que os olhos vão ver. Depois um torpor. A morte de Caio me deixando sem peso. Ele não estava mais. Num instante passa-se a acreditar nessa coisa antiga de agosto levando os jovens, de modo violento. Embarco no dia seguinte, pensando em como ele detestava aviões – a partir dali passo por pessoas, lugares, ruídos, como se pertencesse ao negativo de um filme, uma sensação de irrealidade me toma e me convence de que nada daquilo existe: o gosto do café, antes do vôo; um casal de alemães em desentendimento, as manchetes nos jornais; a visão branca das nuvens para além do motor, da fuselagem do avião. O tempo não passa, apenas se elastece, se distende até se tornar um fio invisível. E em sua esteira vem uma sucessão de fatos mais ou menos orquestrados.

No Instituto de Medicina Legal, pouco antes de colherem minha assinatura, antes da necropsia, entregam-me suas coisas: o passaporte, uma pulseira, o relógio parado marcando 3:14, a carteira – com exceção de uns poucos documentos, vazia. Pergunto por uma mochila de couro. A mulher balança a cabeça. Eu quase grito (embora todo o som em redor me pareça abafado): "mas ele nunca se separava da mochila! E onde estavam essas coisas? Ele nunca levava nada nos bolsos!" A mulher não se altera. Outros parentes que aguardam no balcão também não se alteram. Engulo a indignação, não há mais nada no horizonte a não ser o fundo vazio-negro da carteira, "meu Deus, ou foi roubado ou ele não tinha sequer cartão de crédito", eu penso.

* * *

O abandono é um destino possível, mas a solidão é uma certeza. Nasce-se sozinho e morre-se sozinho. Entro na sala onde está o corpo. Toco o tecido, a mortalha fina do amor que sempre nos uniu. Durante a identificação quero tocar seu cabelo. E minha mão pára no ar, ainda em pensamento. Há um tipo de amor que nenhum gesto apascenta e que não se sacia no espaço de uma vida. Não era mais um homem jovem de 26 anos que estava deitado lá, era a imagem do constrangimento – cinzelada em mármore. O longo (agora frio) corpo de Caio, no centro de um silêncio vivo, metálico. Olho para o corpo estendido do meu irmão morto e pela primeira vez o compreendo. Caio era alguém que não acreditava em nada. Em absolutamente nada. Caio era alguém querendo crer. Desesperadamente. (Seus lábios estão contritos, como se para me convencer.) Um excesso de dor congelou-me o pensamento. Meu corpo inteiro intoxicado pela dor. Que não se contenta em me retirar a força dos membros: forma uma membrana fria que me envolve e consome todo o oxigênio em redor. Respirar dói. Talvez porque agora e para sempre São Paulo seja uma cidade maldita.

Naquela tarde, a ausência de Caio e do seu amor esquivo doeu a ponto de me deixar cansado. Eu me lembro de tentar aprender todas as lições de Buddha sobre apego e perda. Eu me lembro de desejar estar em um mosteiro budista, longe da dor, longe de tudo.

* * *

Não se vê a cremação. Não se sabe como o processo se dá. Apenas fica-se numa ante-sala de pé direito altíssimo como o de certas igrejas. É um lugar muito amplo. E talvez por isso muito triste. No intuito de disfarçar a morte, o arquiteto do local nos dá um remédio pior que nossa doença. O largo espaço vazio em excesso sufoca. Há uma cafeteira cara a um canto, água, uma funcionária vestida com um conjunto vinho, à disposição. Ela me avisa quando as cinzas deverão ser entregues. Abro a boca, meio espantado pelas 48 horas que ainda terei de esperar. Fico pensando para onde iria a fumaça-resultado da cremação do corpo de Caio. Talvez sua parte mais substancial.

A funcionária me informa quanto a cremação irá me custar. Ela é muito jovem; como se os donos do negócio estivessem fazendo um último esforço para manter longe as imagens da morte (os brincos pequenos, o perfume discreto). Sacando o talão de cheque, eu digo que está tudo bem – depois do trabalho para conseguir um monge budista para conduzir os ritos fúnebres (récita de um Sutra específico, incensos, flores), nada mais me parece custoso. É quando me ocorre. Eu lhe pergunto: quanto custa uma passagem para a Ushuaia, na Terra do Fogo?

Ela não compreende.

Ushuaia, na Patagônia, quanto custa ir para lá?

Minha voz ressoa sozinha através do pé direito excessivamente alto, em mármore marrom, da ante-sala da câmara mortuária. Uma semana depois estou de novo num aeroporto: o aparelho de raio X passando pela mochila, pelas cinzas de Caio; tráfico de homem. Embarco.

* * *

:*então chego a Bariloche (quatro horas de vôo) e sou recebido pelo vento (oito graus) e pelo branco/azul da paisagem.*

Parque Nacional Tierra Del Fuego
BAHIA LAPATAIA
República Argentina
Buenos Aires 3.063 km
Alasca 17.848km

O cartaz não me permite duvidar. Finalmente, Ushuaia, a cidade-precipício à beira da Antártica, El fin del mundo. *Já passam das 14 horas mas não tenho fome; não me dou ao trabalho de procurar um restaurante, um hotel, repouso. Cuidadosamente, retiro a caixa do fundo da mochila, deixo o carro num posto de gasolina que parece abandonado em sua pintura gasta, seu azul desbotado (não há mesmo como competir com o azul intenso do céu de Ushuaia). Sigo em frente e, após algumas informações, chego ao centro da vila, paro por alguns instantes e sigo em direção à praia. Um cachorro magro e pelado me segue à distância, ao longo do caminho. De vez em quando me viro, incerto quanto a ele existir de verdade ou ser produto de uma alucinação. Ele não é ameaçador como o lobo dos sonhos de Caio, é apenas um cão magro, dir-se-ia faminto e mesmo assim tão resignado que dá pena. Tanto chão percorrido, eu penso, e igual esse cão, o cheiro da câmara mortuária ainda me acompanha. Um cachorro pelado num lugar frio desses, eu penso, enquanto caminho pelo cascalho.*

* * *

O vento me faz encolher como uma ostra no vinagre e esconder ainda mais a urna debaixo do braço. As cinzas de quem amo. Olho para a imensidão do Oceano Pacífico – este oceano mentiroso que é o mais violento de todos (que brilha distante enevoado por lágrimas que teimam em não cair). Desculpe, meu velho; desculpe, Caio, não dá para se ver o Farol do Fim do Mundo, *e não posso ir além. Paro à borda do penhasco, com um medo como se voltasse a ser criança e estivesse perdido. Abro a urna. Entrego as cinzas de Caio ao vento. Um escuro azul brilhante deixa as profundezas do céu e funde-se às alturas da terra, aos picos nevados ao longe, enquanto o mar encrespa seu tecido.*

Não acontece como nos filmes (a câmara lenta mostrando em detalhes a poeira/cinzas em contraste com a luz do sol). O vento me devolve parte das cinzas, que grudam em meus cabelos (um beijo de adeus?), na roupa – em minha memória, como se fosse a própria culpa. Como se esta fosse mais uma, a última das brincadeiras de Caio. Não me importo. Permaneço quieto na mesma posição, por muito, muito tempo. Mesmo quando já não há mais o que ver.

Eu, um homem, me sinto vazio como se acabasse de dar à luz um filho morto.

Entende-se que estamos procurando um canto tranqüilo onde se possa chorar. Descobre-se que esse lugar não existe, em nenhuma parte do globo. Esse lugar poderia ser um ombro, mas esse ombro se foi. Por um momento, há o riso, a lembrança, a aceitação, a calma dos que não mais têm esperança. Poucas cinzas de Caio se misturam ao azul, às profundezas do céu.

* * *

Ele sobe uma encosta, o relevo acidentado, montanhoso – desfiladeiros incríveis, montanhas azuis ao longe, uma vegetação verde-azulada que teima em crescer num terreno quase vertical, tapetes extensos de pequenas flores vermelhas – o Nepal? Carrega dois cestos enormes com frutas. Já não é tão alto, veste uma roupa laranja, a cabeça está rapada, mas sei que é ele. Grito, peço que espere, ele pára e se volta – mas aí já é tarde: sou despertado pela aeromoça que me ajusta o cinto de segurança, pelo comandante que repete as instruções antes da aterrissagem.

Fica um estranho gosto de cobre na boca. Fica uma certeza: ele está bem, ele estava sorrindo.

O Silêncio

Centenas de flores na primavera;
A lua no outono;
Uma brisa no verão;
E neve no inverno.
Se não existe nenhuma nuvem inútil na sua mente,
Você está na boa estação.

Mumom

Parou de chover. E não é só isto: é o fim de determinados atos, completos em si mesmos, junto ao constrangimento da dor compartilhada, a soma disso tudo faz com que o Ciclista procure ir embora. Abro a porta para ele. É quando noto a sacola, junto ao batente. Uma mochila verde-exército de tecido áspero encardido. Tem mais de um metro de altura e está completamente cheia. O Ciclista não está de passagem. Imagino que o Ciclista decidiu sair de casa, deixar o emprego numa farmácia e seguir para um lugar ainda não de todo escolhido. Veio se despedir de Caio. Sinto-me como um habitante às margens de um rio onde pessoas, sentimentos, coisas, tudo tudo tudo, não cessa de passar. A lista dos que se vão não pára de crescer. Abro a porta para um Caio que, mais uma vez, está de partida.

Parou de chover. Ao abrir a porta também se abre a ansiedade pelo dia seguinte. É provável que ele nunca mais volte, mas nunca se sabe. Cada pequeno ato é sempre uma semente de desdobramentos insuspeitos. E isso não me inquieta.

Nunca mais ele será um estranho, eu penso.

Dentro de casa o telefone toca. Algo em mim se eriça, como se fosse possível ser Caio ao telefone. Mas mortos não telefonam. Ou será que sim? O ruído insiste. Ceres, talvez. É estanho perceber que é mais fácil acreditar que seja Caio.

O telefone continua a insistir – uma, duas, três, quatro vezes. Permaneço parado à porta, por um momento ouvindo o som dos pneus comprimindo a areia amaciada pela chuva (e um silêncio que emoldura o som dos pneus, o ruído do telefone, crianças descendo a rua; um silêncio inerente ao que termina ou ao que acaba de nascer) – e de súbito: nada, só a moldura. Apenas o silêncio. O telefone pára de tocar. Tudo cessa. Vejo o Ciclista descer a rua (traspassar a tranqüilidade de uma rua esvaziada e limpa), dobrar a esquina; vejo o metal reluzir (as luzes dos postes já acesas devido ao céu precocemente escurecido). As rodas e raios da bicicleta desaparecendo num movimento que lembra o Sansara, a roda da vida, do karma e do dharma. O Ciclista some de vista – e começa a entrar no terreno onde as palavras também cessam.

Penso numa fotografia.

* * *

Lá pela noite a chuva me encontra correndo no parque. Em pouco tempo diminuo as passadas, vou parando. Não devido à chuva que cai. (Algo que corria dentro de mim de modo ininterrupto há meses pára). Já não corro, volto para casa a passos curtos, mas não corro. Penso em banho quente, música, vinho, uma xícara de café no fim da noite, mas não corro. Aceito a chuva: forte, morna e boa.

* * *

Estaco no meio da rua: as luzes de casa estão acesas. Estou sendo roubado ou O que o Ciclista teria esquecido? Que tipo de problema eu pareço ter arrumado dessa vez? O calor da indignação começa a me subir pelo rosto, me incendeia as orelhas.

Ela está no meio da sala. De jeans e malha de mangas compridas de cor negra. Ceres está plantada no meio da sala. Chego a acreditar que não é real.

Você deixou a porta destrancada... – se desculpa.

Então é assim – sair sem explicação e voltar sem avisos – e para quê? Então é isso uma mulher – o partir sem explicações e o retornar do nada – para quê? Então é assim – há pessoas que pensam que podem retornar – depois do corte profundo da ausência? O tom. Seu tom de voz. Entra pelos meus poros e no mesmo instante é analisado, dissecado, comparado ao vasto repertório na tentativa de estabelecer um liame, um sentido. Um processo que continua enquanto subo para o banheiro, tiro o tênis, a roupa, entro embaixo do chuveiro, abro a passagem ao máximo, depois volto, pisoteio a roupa no chão enquanto tranco a porta e me vejo excitado. Sexualmente excitado. Os pensamentos desalinhados mas o pau duro. Então é assim que o corpo reage?

Praguejo. Ainda dolorido por dentro devido à visita do Ciclista, sinto na presença de Ceres a dor da agulha que costura a cru o tecido da ferida recém-aberta. Me demoro para deixar o banheiro, mas finalmente estou no quarto, pondo uma roupa limpa. Desço. Chega ao fim o processo interno, o resultado da análise do seu tom de voz: Ceres está com medo. Sua voz quer explicar. Ela está com medo de que eu não lhe dê o tempo necessário da explicação. Cruzo o hall – ela está no mesmo lugar, menor, infinitamente menor (quem volta jamais recupera a estatura de outrora).

Eu tentei ligar antes de vir mas ninguém atendeu... – ela diz. (A voz de quem volta jamais recupera a claridade de antes.)

Para chegar à porta será necessário passar rente a ela, mas não é tão difícil como parece, basta um passo atrás do outro. Saio. Não há outra coisa a fazer. Alguns lugares precisam ser abandonados em determinados momentos, e talvez revisitados mais tarde. Desço em direção aos botequins esbodegados do centro desta aldeia.

QUALQUER LIVRO DO NOSSO CATÁLOGO NÃO ENCONTRADO NAS LIVRARIAS PODE SER PEDIDO POR CARTA, FAX, TELEFONE OU PELA INTERNET.

Rua Aimorés, 981, 8º andar – Funcionários
Belo Horizonte-MG – CEP 30140-071

Tel: (31) 3222 6819
Fax: (31) 3224 6087
Televendas (gratuito): 0800 2831322

vendas@autenticaeditora.com.br
www.autenticaeditora.com.br

ESTE LIVRO FOI COMPOSTO COM TIPOGRAFIA BEMBO E IMPRESSO
EM PAPEL CHAMOIS BUK 80 G. NA FORMATO ARTES GRÁFICAS.